# RETETE DE PANA COTTA DE CASA

Rețete delicioase și cremoase pentru cel mai bun desert italian.
100 de rețete pentru a-ți satisface pofta de dulce

Săsăran Olteanu

## Somario

# INTRODUCERE

Unul dintre cele mai cunoscute și solicitate deserturi, panna cotta – literalmente „cremă gătită" – provine din Piemont și este făcută din smântână și zahăr. Există diferite versiuni și arome. Dulceața sa delicată, textura netedă și modul elegant în care este placat îl fac un răsfăț perfect la sfârșitul unei mese.

Pentru a pregăti panna cotta, se încălzește smântână foarte proaspătă cu zahăr, apoi se adaugă sticlă, care a fost înmuiată și stoarsă. Acest ultim ingredient este folosit pentru a da desertului o consistență moale și gelatinoasă. Amestecul este apoi lăsat să se răcească timp de cel puțin șase ore la frigider înainte de servire.

O caracteristică a practic oricărui meniu de deserturi din Italia, panna cotta este unul dintre cele mai populare deserturi care trebuie consumate cu o lingură. Unele tipuri sunt aromate cu cafea, altele cu lavandă, sau poate migdale, rozmarin sau caramel; si se aduc mereu la masa cu sosuri calde pe baza de fructe de padure, ciocolata, smantana sau caramel.

# 1. Panna Cotta simplă

Porți 6

**INGREDIENTE:**

- 3 linguri de apă rece
- ¼ uncie (1 pachet) gelatină pudră
- 1 litru de smântână groasă
- ½ cană zahăr granulat
- ⅛ linguriță sare cușer
- 1 boabe de vanilie, despicata, semintele razuite, pastaia rezervata

**INSTRUCȚIUNI:**

a) Infloreste gelatina. Puneți apa într-un castron mic și amestecați ușor gelatina; se lasa sa stea 5 minute (se va ingrosa si va arata ca sosul de mere).

b) Faceți baza. Într-o cratiță cu fundul greu, la foc mediu-mic, aduceți smântâna, zahărul, sarea, semințele de vanilie și păstăia de boabe de vanilie la fiert, amestecând din când în când. Odată ce a fiert, se ia de pe foc. Adăugați gelatina înflorită. Bateți constant timp de 1 până la 2 minute, până când gelatina se topește și se încorporează complet.

c) Răciți baza. Umpleți un castron mare cu gheață și apă. Puneți o strecurătoare cu ochiuri fine peste un vas mediu rezistent la căldură. Strecurați crema prin strecurătoare. Puneți vasul în baia de gheață și răciți, amestecând cu o spatulă de cauciuc la fiecare 5 minute, până când un termometru cu citire instantanee introdus în cremă înregistrează 60°F.

d) Se toarnă panna cotta. Împărțiți uniform crema în 6 rame (6 uncii). (Folosiți o spatulă pentru a răzui părțile laterale ale bolului pentru a vă asigura că toată crema este folosită.) Înfășurați ușor fiecare ramekin cu folie de plastic și lăsați-l la frigider pentru 12 până la 16 ore.

e) Desfaceți panna cotta. A doua zi, treceți cu grijă o spatulă decalată sau un cuțit de toaletă de-a lungul marginii ramekinelor. Umpleți un vas cu apă caldă. Țineți fiecare bază de ramekin în apă caldă timp de 5 secunde. Întoarceți fiecare panna cotta pe o farfurie și serviți.

# PANA COTTA FRUCTĂ

## 2. Panna cotta de vanilie cu capsuni

*Face: 4 portii*

## INGREDIENTE:
- 2 căni de smântână
- ¼ cană de zahăr, plus 3 linguri
- 2 boabe de vanilie - ambele împărţite în jumătate, seminţele răzuite dintr-una
- ½ lingurita pasta de vanilie
- 1 lingura de ulei
- 2 lingurite Gelatina pudra amestecata cu ½ cana de apa rece
- 125 g căpşuni Punnet
- ½ cană de vin roşu

## INSTRUCŢIUNI:
a)  Se încălzeşte uşor smântâna şi ½ cană de zahăr într-o oală până se dizolvă tot zahărul. Se ia de pe foc şi se amestecă extractul de vanilie şi 1 boabe de vanilie împreună cu seminţele răzuite din acesta.

b)  Se presara gelatina peste apa rece intr-un castron mare si se amesteca usor.

c)  Se toarnă smântâna încălzită peste gelatină şi se amestecă bine până când gelatina s-a dizolvat. Se strecoară amestecul printr-o sită.

d)  Împărţiţi amestecul între bolurile unse cu unt şi daţi la frigider până se fixează. Acest lucru va dura de obicei până la 3 ore .

e)  Intr-o oala se incinge vinul rosu, 6 linguri de zahar si boabele de vanilie ramase pana da in clocot.

f)  Clătiţi, decorticaţi şi feliaţi căpşunile şi adăugaţi-le la sirop , apoi turnaţi cu lingura peste panna cotta eliberată.

### 3. Panna Cotta de lamaie

*Produce:* 6

**INGREDIENTE:**
- 1 plic de pudră de agar
- 2 căni de lapte de marijuana pe bază de plante
- 2 linguri de crema de caju
- ½ cană de zahăr
- 2 lingurite de extract pur de vanilie
- 2 ¼ căni de iaurt de soia
- 2 lingurite de suc de lamaie

**PENTRU GARNITURA DE FRUCTE:**
- 1 cană de zmeură, roșie și aurie
- 2 căni de căpșuni sau afine amestecate
- 2 piersici, decojite, feliate subțiri
- 2 lingurițe de zahăr canna
- 1 uncie de vodcă
- 1 uncie de Campari
- 1 lingura de coaja de lamaie

**INSTRUCȚIUNI:**

a) Într-un castron, presară întreg pachetul de pudră de agar peste 2 linguri de cremă de caju . Lăsați 5 minute să se înmoaie.

b) Într-o cratiță la foc mic, combinați laptele de marijuana pe bază de plante, zahărul și vanilia.

c) Aduceți amestecul la foc mic timp de câteva minute înainte de a opri focul.

d) Într-o cratiță, amestecați pudra de agar și amestecul de smântână până se dizolvă complet. Într-un castron mediu , amestecați iaurtul de soia până la omogenizare.

e) Încorporați treptat combinația de lapte cu marijuana și sucul de lămâie în iaurt.

f) Împărțiți amestecul în șase rame mici. Dă-l la frigider timp de 4 ore sau până se întărește.

g) Pentru a face toppingul, combinați fructele, Vector Vodka, Cannabis Campari, zahărul și coaja de lămâie într-un castron.

h) Se lasa deoparte cel putin 20 de minute la frigider.

i) Treceți un cuțit ascuțit în jurul marginilor ramekinelor pentru a îndepărta Panna Cotta, apoi răsturnați ramekinul pe un vas.

j) Serviți cu amestecul de fructe deasupra.

## 4. Panna Cotta de căpșuni

Produce: 6

## INGREDIENTE:
- ⅓ cană lapte
- 1 pachet gelatina fara aroma
- 2 ½ căni de smântână groasă
- ¼ cană zahăr
- ¾ cană de căpșuni feliate
- 3 linguri de zahar brun
- 3 linguri rachiu

## INSTRUCȚIUNI:
a) Amestecați laptele și gelatina până când gelatina se dizolvă complet. Scoateți din ecuație.

b) Într-o cratiță mică, aduceți smântâna grea și zahărul la fiert.

c) Încorporați amestecul de gelatină în smântâna groasă și amestecați timp de 1 minut.

d) Împărțiți amestecul în 5 rame.

e) Puneți folie de plastic peste ramekine. După aceea, se răcește timp de 6 ore.

f) Într-un castron, combinați căpșunile, zahărul brun și coniacul; se lasa la rece cel putin 1 ora.

g) Puneți căpșunile deasupra panna cotta.

## 5. Panna cotta de zară cu jeleu de lămâie

Face: 4 portii

**INGREDIENTE:**
**PENTRU PANNA COTTA:**
- 2 căni de zară
- 1½ linguriță gelatină pudră fără aromă
- ⅔ cană smântână grea
- ½ cană de zahăr

**PENTRU JELEE:**
- ½ cană suc proaspăt de lămâie
- ½ pachet gelatină pudră fără aromă
- ¼ cană de zahăr

**INSTRUCȚIUNI:**
**FACEȚI PANNA COTTA:**
a) Se toarnă 1 cană de zară în partea de sus a unui cazan dublu.
b) Se presara gelatina peste zara, se lasa sa se inmoaie, aproximativ 5 minute.
c) Între timp, într-o cratiță mică, aduceți smântâna și jumătate de cană de zahăr la fiert. Adăugați amestecul de smântână la amestecul de gelatină; se pune peste apa clocotita; bateți până se dizolvă gelatina, aproximativ 5 minute.
d) Se amestecă ceașca de lapte rămasă. Treceți amestecul printr-o strecurătoare căptușită cu pânză de brânză. Împărțiți între șase rame de 4 uncii sau boluri mici pe o foaie de copt. Acoperi; da la frigider pana se fixeaza, aproximativ 4 ore.

**FACEȚI JELEU:**
e) Pune ¼ de cană de suc de lămâie într-un bol de mixare. Se presara gelatina peste zeama de lamaie si se lasa sa se inmoaie, aproximativ 5 minute.
f) Într-o tigaie mică aduceți zahărul și 1 cană de apă la fiert la foc mare. Turnați siropul peste amestecul de gelatină, amestecați pentru a se dizolva. Adăugați restul de ¼ de cană de suc de lămâie. Lăsați amestecul să revină la temperatura camerei.

g) Odată ce panna cotta de zară s-a întărit, turnați un strat subțire de ¼ inch de jeleu de lămâie deasupra fiecărui ramekin.

h) Dă la frigider până se fixează, aproximativ 30 de minute. Ramekinele de panna cotta pot fi preparate cu până la 24 de ore în avans, acoperite și refrigerate. Se servește rece și se ornează cu sorbet de lămâie și fursecuri crocante.

## 6. Gel de fructe de padure Panna Cotta

Produce: 6

**INGREDIENTE:**
**GELATINĂ ÎN FLORĂ**
- 1 pachet gelatină Knox pudră
- 3 linguri de apă dacă folosiți gelatină pudră

**PANNA COTTA**
- 1 ½ cană jumătate și jumătate sau 3% lapte
- ¼ cană miere
- Un praf generos de sare de mare
- 1 lingură pastă de boabe de vanilie sau extract de vanilie sau caviar de vanilie răzuit dintr-o păstăie de boabe de vanilie
- 1 ½ cană smântână groasă / smântână pentru frișcă

**GEL FLUID DE BAACE**
- 200 g fructe de padure
- 3 linguri de miere
- ½ lingurita suc de lamaie
- Vârf de cuțit de sare
- ½ linguriță gelatină pudră 1 foaie de gelatină aurie

**INSTRUCȚIUNI:**
**FLOARE GELATINA**

a) Turnați apa într-un castron mic. Se presara gelatina pudra peste apa si se amesteca bine. Se lasa deoparte pana cand gelatina absoarbe apa.

b) Dacă folosiți foi de gelatină, rupeți foile de gelatină în jumătate. Umpleți un vas mic cu apă rece de la robinet și scufundați foile de gelatină în apă. Se lasa deoparte cel putin 10 minute pana cand gelatina se inmoaie. Înainte de a folosi foile de gelatină, scoate-le din vasul cu apă și stoarce excesul de apă.

**PANNA COTTA**

c) Puneți jumătatea și jumătatea într-o cratiță mică, împreună cu mierea, sarea și vanilia.

d) Se încălzește la foc mediu și se amestecă amestecul în timp ce se încălzește. Asigurați-vă că sarea și mierea se dizolvă și se amestecă în bază. NU lăsați amestecul să ajungă la fierbere.

e) Cand jumatatea si jumatatea - baza de lapte se abureste, se ia de pe foc.

f) Adăugați gelatina înflorită direct în amestecul fierbinte și amestecați ușor / bateți până când gelatina s-a dizolvat complet.

g) Adăugați smântâna groasă și amestecați-o.

h) Împărțiți amestecul în 6 feluri de mâncare. Fiecare porție va avea o capacitate de aproximativ ½ cană.

i) Asigurați-vă că amestecați amestecul de panna cotta de fiecare dată când îl turnați într-un vas de servire, astfel încât semințele de vanilie să fie bine dispersate prin amestec.

j) Lăsați panna cotta să se răcească ușor, apoi acoperiți-le cu folie de plastic și păstrați-le la frigider peste noapte.

**GEL FLUID DE BAACE**

k) Infloreste gelatina

l) Se amestecă ½ linguriță de gelatină cu ½ linguriță de apă și se lasă să stea aproximativ 10 minute.

m) Dacă folosiți foi de gelatină, înmuiați foile de gelatină într-un castron cu apă timp de cel puțin 10 minute până se înmoaie. Asigurați-vă că stoarceți apă suplimentară înainte de a adăuga foile la amestecul de fructe de pădure.

**COULIS DE BAACE**

n) Pune fructele de pădure, mierea, sarea și sucul de lămâie într-o cratiță mică.

o) Gatiti la foc mediu pana cand boabele se descompun. Acest lucru poate dura aproximativ 10 - 15 minute.

p) Gătiți amestecul până când obțineți aproximativ 1 cană de coulis de fructe de pădure.

q) Puteți folosi coulis de fructe de pădure așa cum este, dacă preferați. Dar pentru a face un gel fluid, va trebui să adăugați gelatină.

r) Se amestecă gelatina înflorită până se dizolvă complet în coulis de fructe de pădure.
s) Puneți coulis jello la frigider până se întărește.
t) Odată întărit, spargeți stratul de gelatină și puneți-l într-un recipient care poate fi folosit cu un blender cu stick.
u) Amestecă gelatina de fructe de pădure până când obții o pastă netedă. Vei ajunge cu un gel fluid.

**A SERVI**

v) Odată ce panna cotta s-a întărit, o puteți păstra la frigider până la 3 - 4 zile.
w) Servește panna cotta cu o praf de gel fluid de fructe de pădure și fructe de pădure proaspete deasupra.
x) Dacă desfaceți panna cotta, puneți forma în apă caldă pentru câteva secunde până când panna cotta se slăbește ușor și poate fi eliberată din matriță.
y) Întoarceți-l pe o farfurie de servire și atingeți sau strângeți ușor forma pentru a elibera panna cotta. Deasupra puneți coulis de zmeură și serviți imediat.

## 7. Gelee de zmeură Panna Cotta

Produce: 4

**INGREDIENTE:**
**PENTRU PANA COTTA:**
- 1/2 cană lapte integral
- 1,5 lingurite de gelatină pudră fără aromă
- 1,5 cani de frisca grea pentru frisca
- 1/4 cană zahăr granulat
- 1 lingurita extract de vanilie
- 1/4 lingurita sare

**PENTRU ZMEURA GELEE:**
- 3/4 lingurita plic de gelatina
- 1/4 cană apă
- 1,5 căni de zmeură proaspătă sau congelată
- 1/4 cană zahăr granulat
- 2 linguri de suc de lamaie

**INSTRUCȚIUNI**

a) Într-o cratiță mică de pe foc, combinați 1,5 linguriță de gelatină cu laptele și lăsați să stea timp de 5 minute. Acest proces se numește înflorire și permite gelatinei să absoarbă lichidul și să se dizolve uniform mai târziu.

b) Pune tigaia la foc mediu, si amesteca des timp de 5 minute, pana cand gelatina se dizolva, avand grija sa nu fierbi laptele. Reduceți căldura la mediu scăzut, dacă este necesar.

c) Adăugați smântâna groasă, zahărul, extractul de vanilie și sarea și amestecați încă 5 minute până când zahărul se dizolvă. Scoateți amestecul de pe foc.

d) Turnați uniform amestecul în 4 pahare sau ramekine la alegere și lăsați să se răcească la temperatura camerei timp de 15 minute. Apoi dați la frigider timp de 6 ore pentru a se întări.

e) Pentru a face gelee de zmeură, într-o cratiță mică, combinați gelatina rămasă cu apa și lăsați să stea 5 minute.

f) Adăugați zmeura, zahărul și sucul de lămâie, apoi fierbeți timp de 5 minute până când zahărul se dizolvă. Utilizați o sită cu ochiuri fine pentru a strecura semințele de zmeură.

g) Lăsați geleeul să se răcească la temperatura camerei, aproximativ 10-15 minute, înainte de a turna uniform peste panna cotta răcită.

h) Dați la frigider încă o oră pentru a fixa gelee. Dacă doriți, serviți cu fructe de pădure proaspete deasupra și bucurați-vă!

## 8. Yuzu Panna Cotta

## INGREDIENTE:

- 3 frunze de gelatina
- 1 cană lapte integral
- 1 cană smântână dublă
- 1 lingură SPRIG miere de ghimbir
- ½ linguriță extract de yuzu

## INSTRUCȚIUNI

a) Se presara gelatina peste 6 linguri de apa rece intr-un castron de marime medie si se lasa sa stea 5-10 minute.

b) Înmuiați frunzele de gelatină în puțină apă rece până când frunzele sunt moi.

c) Într-o cratiță la foc mediu aduceți laptele, smântâna, mierea și extractul de yuzu la fiert.

d) Luați tigaia de pe foc. Stoarceți apa din frunzele de gelatină și adăugați-o în amestecul de smântână cât este încă caldă. Se amestecă până se dizolvă gelatina.

e) Se toarnă în rame sau orice alte articole din sticlă/ceramică ușor unsă cu ulei și se dă la frigider peste noapte.

f) Odată ce panna cotta s-au întărit, scoateți-le din ramekins și serviți cu coacăze roșii proaspete

## 9. Panna Cotta cu sirop de portocale

Produce: 6

**INGREDIENTE:**
**PENTRU PANA COTTA**

- 1 1/2 cani de lapte integral
- 3 lingurite gelatina pudra
- 1/3 cană zahăr tos
- 1 1/2 cani de smantana
- 1 lingurita pasta de vanilie
- vârf de cuțit de sare

**PENTRU SIROP DE PORTOCALE**

- Coaja de o jumătate de portocală mare
- 3/4 cană suc de portocale
- 1/4 cană apă
- 1/4 cană zahăr tos
- 1 lingurita gelatina pudra

**INSTRUCȚIUNI**
**PENTRU PANA COTTA**

a) Dacă doriți să întoarceți Panna Cotta pe o farfurie când este pusă, mai întâi începeți prin a vă pulveriza formele de dariole sau ramekinele cu spray de ulei.

b) Ștergeți-le cu un prosop de hârtie, astfel încât să rămână doar o acoperire ușoară.

c) Turnați laptele rece într-o cratiță și presărați gelatina deasupra. Lăsați-o să „înflorească" timp de 5 minute.

d) Dați focul la mic sub cratiță și amestecați timp de un minut sau două până când gelatina s-a dizolvat.

e) Adăugați zahărul și amestecați din nou până se dizolvă. Acest lucru ar trebui să dureze doar un minut sau două. Nu lăsați laptele să devină prea fierbinte sau să fiarbă la foc mic. Ar trebui să fie doar cald.

f) Luați cratita de pe foc. Se toarnă smântâna, vanilia și sarea și se amestecă până se omogenizează bine.

g) Se toarnă în vase sau forme. Pune imediat la frigider și lasă să se întărească cel puțin 4 ore.

h) Pentru a dezamula, umpleți un vas cu apă caldă la doar un inch și ceva, apoi puneți formele în apă caldă timp de 10-20 de secunde. Puneți vasul de servire deasupra formei Panna Cotta și răsturnați-l.

i) Agitați ușor Panna Cotta. S-ar putea să aibă nevoie de puțină încurajare, dar ar trebui să alunece perfect. Acestea se vor topi dacă sunt lăsate prea mult timp, așa că asigurați-vă că nu le întoarceți până când sunteți gata de servire.

**PENTRU SIROP DE PORTOCALE**

j) Puneti coaja, zeama, apa si zaharul intr-o cratita si fierbeti, amestecand pana se dizolva tot zaharul. Opriți focul și adăugați gelatina până se dizolvă.

k) Lăsați-l să se răcească și ar trebui să devină frumos, gros și siropos. Stropiți deasupra Panna Cotta

## 10. Panna Cotta cu miere de mure

Produce: 6

**INGREDIENTE:**
- 1 cană chefir sau zară
- Plic de 4 oz gelatină pudră, fără arome
- 2 căni de smântână groasă
- 1 boabe de vanilie, împărțită
- 1/4 cană miere de mure
- 1/4 lingurita sare kosher
- O mână de fistic, tocat

**INSTRUCȚIUNI**

a) Măsurați chefirul și presărați gelatina uniform deasupra, dar nu amestecați. Lăsați gelatina să se înmoaie până când boabele par umede și parcă încep să se dizolve, 5-10 minute.

b) Între timp, încălziți smântâna, mierea, sarea și boabele de vanilie într-o cratiță la foc mediu până abia se fierbe. Se amestecă din când în când pentru a dizolva mierea. Opriți focul și îndepărtați boabele de vanilie, răzuind semințele în oală.

c) Se adauga laptele si gelatina si se amesteca pana se dizolva gelatina. Împărțiți amestecul între 6 rame sau pahare. Acoperiți și răciți până se întăresc, cel puțin 4 ore și până la noapte. Dacă aveți de gând să le lăsați peste noapte, acoperiți fiecare ramekin cu folie de plastic.

d) Pentru a desface panna cotta, treceți un cuțit subțire în jurul marginii de sus a fiecărui ramekin pentru a elibera părțile laterale și răsturnați-l pe o farfurie. Poate fi necesar să scuturați ramekinul ușor pentru ca panna cotta să se elibereze pe farfurie. Acoperiți fiecare panna cotta cu o lingură pf rubarbă și sucuri și stropiți fistic tocat.

e) Alternativ, serviți panna cotta direct din ramekinele lor cu garniturile deasupra.

## 11. Panna Cotta De Cocos Cu Fructul Pasiunii

Produce: 6

**INGREDIENTE:**
**PENTRU PARTEA DE COCOS**
- 400 g Piure de nucă de cocos gros, bogat în grăsimi, nu cel apos
- 80 g zahăr granulat
- 4 foi de gelatina 1,7 g gelatina/foie

**PENTRU PARTEA FRUCTUL PASIUNEI**
- 250 g piure de fructe de pasiune proaspăt sau congelat, semințele îndepărtate, se lasă în doar câteva semințe
- 100 g zahăr granulat
- 4 foi de gelatina
- Cookie Sable
- 45 g zahăr pudră
- 115 g făină AP
- 15 g faina de migdale
- Vârf de cuțit de sare
- 55 g unt nesarat foarte rece
- 25 g ou aprox. jumătate de ou
- Ciocolata alba topita
- Nucă de cocos mărunțită

**INSTRUCȚIUNI**
**SABLE COOKIE**
a) Odată ce fursecurile sunt coapte și răcite la temperatura camerei, topește o cantitate mică de ciocolată albă și ungem fursecurile cu ea
b) Pudrați cu nucă de cocos mărunțită și lăsați deoparte

**PANNA COTTA**
c) Pregătiți partea de nucă de cocos: înmuiați foile de gelatină în apă rece
d) Se încălzește piureul de nucă de cocos și zahărul până se fierbe și zahărul se dizolvă

e) Scoateți cratita de pe foc, stoarceți excesul de apă din foile de gelatină și amestecați-le în amestecul de nucă de cocos. Pune-o deoparte

f) Pregătiți partea din fructul pasiunii: înmuiați foile de gelatină în apă rece

g) Treceți piureul de fructul pasiunii printr-o sită pentru a scăpa de majoritatea semințelor. Păstrați doar câteva

h) Se încălzește piureul de fructul pasiunii cu zahăr până când se fierbe și zahărul se dizolvă complet

i) Scoateți cratita de pe foc, stoarceți excesul de apă din foile de gelatină și amestecați-le în piureul de fructul pasiunii. Pune-o deoparte

**ASAMBLA**

j) Deoarece atât partea de nucă de cocos, cât și partea din fructul pasiunii conțin gelatină, trebuie să aveți grijă să nu le lăsați să se întărească complet înainte de a le asambla complet în formă, așa că nu le lăsați să se răcească complet. Amestecați-le din când în când

k) Ia-ți matrița și haideți să începem procesul de asamblare. Puneți partea albă în mijlocul fiecărei cavități, apoi introduceți mai multă panna cotta de nucă de cocos în cercul exterior

l) Pune mucegaiul în congelator timp de 15 minute, astfel încât partea de nucă de cocos să se poată întări înainte de a trece la pasul următor. Lăsați restul de cremă de cocos la temperatura camerei și amestecați-o din când în când pentru a nu se întări

m) Odată ce partea de nucă de cocos se întărește complet în congelator, treceți cu partea de fruct al pasiunii deasupra

n) Congelați din nou forma acum timp de 30 de minute. Asigurați-vă că amestecați ocazional partea de nucă de cocos rămasă, astfel încât să nu se întărească în timp ce mucegaiul este în congelator

o) Odată ce partea din fructul pasiunii se întărește complet în congelator, treceți cu partea albă rămasă deasupra. Lăsați-l să se răcească la congelator pentru min 6h, peste noapte este și mai bine

p) După ce panna cotta sunt complet înghețate, eliberați-le ușor, dar ferm din matriță. Asigurați-vă că apăsați în mod special pe mijloc, astfel încât să nu se lipească în matriță

q) Așezați fiecare panna cotta pe prăjitura cu nucă de cocos, în timp ce panna cotta este înghețată

r) Lăsați panna cotta să se dezghețe fie la temperatura camerei, fie la frigider

## 12. Prăjituri Panna Cotta Turtă dulce Afine

Produce: 4

**INGREDIENTE:**
**BAZĂ DE TURTĂ DOLCILE**
- 130 de grame de fursecuri din turtă dulce, zdrobite
- 65 de grame de unt fără lactate sau ulei de cocos, topit

**JELEE DE MERISOR**
- 2 1/2 căni de afine
- 2 căni de apă
- 1 portocala, cu coaja si zeama
- 1/4 cană sirop de arțar
- 1 lingurita pudra agar-agar

**PANNA COTTA DE COCOS**
- 1 400 de mililitri de lapte de cocos
- 1/4 cană sirop de arțar
- 65 de grame de ciocolată albă vegană
- 1 lingurita extract pur de vanilie
- 1 lingurita pudra agar-agar

**INSTRUCȚIUNI**

a)  Într-un castron mediu, combinați ingredientele pentru baza de turtă dulce și presați ferm amestecul în forme mici pentru tort. Se da la rece până se întărește.

b)  Combinați merisoarele, sucul de portocale și coaja într-o cratiță. Adăugați siropul de arțar și apa. Aduceți la fiert la foc mediu și gătiți, amestecând din când în când până când boabele explodează și sosul se îngroașă, aproximativ 15 minute.

c)  Se strecoară amestecul printr-o sită cu plasă fină, folosind dosul unei linguri pentru a extrage sucul. Rezervați amestecul de afine.

d)  Adăugați sucul de afine în cratiță, gătiți la foc mediu. Adăugați agar-agar și amestecați până se dizolvă complet. Lasă să fiarbă 1 minut. Turnați amestecul peste bază mai târziu, puneți la frigider până se fixează.

e) Adăugați laptele de cocos într-o cratiță, gătiți la foc mediu, amestecând constant timp de 1 minut. Adăugați agar-agar și amestecați până se dizolvă complet. Se amestecă ciocolata albă, siropul de arțar și vanilia. Lasă să fiarbă 1 minut. Se toarnă peste stratul de merișoare, se dă la frigider până se fixează.
f) Scoateți prăjiturile din forme.
g) Acoperiți cu sos de afine și serviți.

## 13. Panna Cotta de rodie

Produce: 8

**INGREDIENTE:**
- 1/2 cană smântână groasă
- Sucul și coaja unei portocale
- 1 lingurita zahar granulat
- 1/2 linguriță extract bun de vanilie
- 1 1/2 cani de lapte integral
- 1 lingură gelatină pudră
- 1 1/2 cană suc de rodie
- 1 lingură gelatină pudră
- 2 lingurite de zahar granulat
- Seminte de 1 rodie, pentru garnitura

**INSTRUCȚIUNI**

a) Intr-o cratita adauga smantana, sucul de portocale si coaja la foc mediu. Adăugați zahărul și aduceți la fiert. Adăugați vanilia și amestecați.

b) Într-un castron mic, adăugați laptele și presărați gelatina. Se lasă să se înmoaie aproximativ 5 minute. Se amestecă laptele și gelatina în smântână până se dizolvă.

c) Împărțiți amestecul între pahare, înclinate într-o cutie de ouă goală sau într-o formă de brioșe. Dă la frigider până se stabilește cel puțin 2 ore, cel mai bine este peste noapte.

d) Între timp, adăugați 1 lingură de gelatină în sucul de rodie și lăsați să se dizolve timp de 5 minute într-un vas dozator. Adăugați într-o cratiță cu zahăr și aduceți la fiert. Se lasa sa se raceasca putin, se toarna inapoi in vasul dozator si se toarna peste panna cotta. Se da la frigider pana se fixeaza.

e) Se ornează cu semințe de rodie.

## 14. Panna Cotta de tei cheie

Face: 6 portii

## INGREDIENTE:
- 2 cesti de frisca grea pentru frisca
- ½ cană de zahăr granulat
- 1 pachet gelatină
- 1 lingurita Extract de vanilie
- 1 lingurita zesta de lime
- 2 ½ lingurițe suc de lamaie, proaspăt strâns

## INSTRUCȚIUNI
a) Intr-un castron mic combina pachetul de gelatina cu 3 linguri de apa rece; bateți pentru a combina și lăsați deoparte.

b) Într-o cratiță grea, medie, combinați smântâna, zahărul și vanilia la foc mediu-mic. Se amestecă frecvent până când zahărul este complet dizolvat.

c) Adăugați amestecul de gelatină și amestecați pentru a dizolva gelatina și combinați complet cu amestecul de smântână. Se amestecă coaja de lime și sucul.

d) Se toarnă în mod egal în 6 vase de servire sau ramekine dorite. Pune la frigider timp de 3-4 ore până se întărește complet.

e) Pentru a elibera panna cotta: Dacă alegeți să turnați panna cotta pe farfurii individuale de servire în loc să o serviți într-un castron, așa cum se arată aici, puneți recipientele cu panna cotta într-o tigaie cu apă fierbinte suficient de adâncă pentru a încălzi exteriorul boluri dar nu atât de adânc încât va intra în boluri. Lăsați să stea câteva minute.

f) Scoateți și puneți un vas de servire individual cu fața în jos pe partea de sus a castronului de panna cotta. Întoarceți ușor și agitați ușor bolul de panna cotta pentru a permite panna cotta să se elibereze pe farfurie. Dacă nu se eliberează, repetă din nou.

## 15. Panna Cotta de portocală cu sânge

## INGREDIENTE:

- Portocale cu sânge confiate, sirop rezervat pentru garnitură
- Suc din 4 portocale cu sânge frumos și pulpos
- 1 pachet gelatină
- 2 și 1/2 căni de smântână grea
- 1/2 cană zahăr
- 3 linguri de apă
- 2 lingurițe Zest de portocală cu sânge ras fin
- 2 lingurițe Extract de vanilie

## INSTRUCȚIUNI

a) Se amestecă sucul de portocale cu sânge, apa și gelatina într-un castron mic și se lasă deoparte. Aduceți zahărul și smântâna tare la fiert într-o oală mică la foc mediu, amestecând la fiecare două minute.

b) Odată ce începe să fiarbă, reduceți focul la fiert și adăugați amestecul de gelatină.

c) Continuați să gătiți timp de două minute, amestecând tot timpul. Se ia de pe foc si se adauga coaja de portocala sanguina si extractul de vanilie pana se omogenizeaza. Lăsați amestecul să se răcească la temperatura camerei înainte de a-l distribui în 6 forme separate.

d) Pune ramekins la frigider pentru a se gelifica timp de 6 ore sau peste noapte.

e) Odată ce se așează, se stropește puțin sirop din portocalele cu sânge confiate în fiecare ramekin și se ornează fiecare ramekin cu o portocală cu sânge confiate. Serviți imediat.

## 16. Panna Cotta de caise și miere

Face: 4-6

## INGREDIENTE:
- Pentru caise:
- 6 caise
- ulei de masline

## PENTRU PANA COTTA:
- 1/4 cană apă
- 1 lingură gelatină pudră
- 2 căni de smântână groasă
- 1/4 cană miere
- 1 cană de zară plină de grăsime

## INSTRUCȚIUNI
## PREPARA CAISELE:
a) Tăiați caisele în jumătate și îndepărtați sâmburele. Ungeți ușor cu ulei de măsline și puneți la grătar peste cărbuni încinși până se înmoaie.

b) Se lasa sa se raceasca si se paseaza pana se omogenizeaza intr-un robot de bucatarie. Împărțiți amestecul în 6 pahare.

## PREGĂTIȚI PANNA COTTA:
c) Pune apa intr-un castron mic si presara gelatina peste ea. Rezervă.

d) Într-o cratiță mare cu fundul greu pusă la foc mediu, aduceți smântâna groasă și mierea la fiert. Cand crema este fierbinte, se ia de pe foc si se adauga gelatina rezervata pana se dizolva complet. Adăugați zara și amestecați până se omogenizează bine.

e) Împărțiți amestecul deasupra piureului de caise. Lăsați să stea la temperatura camerei timp de 20 de minute și apoi dați la frigider cel puțin 4 ore înainte de servire pentru a lăsa crema să se întărească corect.

## 17. Creme Fraiche Panna Cotta cu mure

Produce: 6

## INGREDIENTE:

- 1 cană lapte integral
- 1 cană smântână groasă
- ½ cană zahăr granulat
- ⅔ cană de cremă frage
- 4 foi de gelatină sau 1 lingură de gelatină pudră
- garnitură
- mure proaspete
- fistic zdrobit
- bile crocante de ciocolata alba, optional

## INSTRUCŢIUNI

a) Se toarnă laptele, smântâna, zahărul și crema frage într-o cratiță și se bate până se omogenizează.

b) Puneți cratita la foc mediu-mic până la mediu și fierbeți până când zahărul se dizolvă, amestecând.

c) Umpleți un castron cu apă cu gheață și adăugați foi de gelatină pentru a „înflori". Odată ce foile au devenit moi și flexibile, amestecați-le în amestecul de lapte.

d) Se amestecă până se dizolvă gelatina.

e) Scoateți amestecul de lapte de pe aragaz și turnați-l în 6 ramekins de 4 uncii. Transferați ramekinele umplute pe o tavă de copt și puneți-le la frigider pentru a se întări. Lăsați panna cotta să se așeze în frigider timp de cel puțin 4 până la 6 ore și până la 2 zile.

f) Acoperiți cu fructe de pădure, fistic și bile crocante de ciocolată albă, dacă folosiți. Servi.

## 18. Panna Cotta și Mango Mousse Domes

*Produce: 6-7 domuri*

**INGREDIENTE:**
**PANNA COTTA**
- 150 g smantana pentru frisca
- 50 g lapte
- 33 g zahăr granulat
- 2 lingurite de pasta de vanilie
- 2 g gelatină din frunze

**CUBURI DE MANGO**
- 1 carne de mango tăiată cubulețe
- 100 g piure de mango
- 2 g gelatină din frunze
- 25 g zahăr granulat

**MUSSE DE MANGO**
- 150 g piure de mango
- 4 g gelatină din frunze
- 10 g zahăr granulat
- 120 g smantana pentru frisca

**GLAZĂ DE MANGO**
- 1 lingurita de suc de lamaie
- 100 g piure de mango
- 4 g gelatină din frunze
- 2 lingurite de zahar granulat

**INSTRUCȚIUNI:**
**PENTRU PANA COTTA**
a) Aduceți la fiert smântâna pentru frișcă, laptele, zahărul și pasta de boabe de vanilie.
b) Se ia de pe foc, se adauga si se amesteca gelatina inmuiata pana se dizolva.
c) Se lasa la racit. Se toarnă amestecul printr-o sită în pahare mici sau forme.
d) Dati la frigider pana se fixeaza.

## PENTRU CUBURI DE MANGO

e) Tăiați mango în cuburi mici.

f) Fierbeți jumătate din piureul de mango cu zahărul până când zahărul se dizolvă.

g) Se ia de pe foc, se adauga si se amesteca gelatina inmuiata pana se dizolva.

h) Amestecați cealaltă jumătate de piure de mango și cuburi de mango.

i) Peste panna cotta se pun cuburile de mango cu lingura.

j) Dati la frigider pana se fixeaza.

## PENTRU MUSSEUL DE MANGO

k) Fierbeți jumătate din piureul de mango cu zahărul până când zahărul se dizolvă.

l) Se ia de pe foc, se adauga si se amesteca gelatina inmuiata pana se dizolva.

m) Amestecați cealaltă jumătate de piure de mango.

n) Adauga frisca si amesteca bine la mousse de mango galben deschis.

o) Se pune deasupra cuburilor de mango.

p) Dati la frigider pana se fixeaza.

## PENTRU GLAZA DE MANGO

q) Fierbeți jumătate din piureul de mango cu zahărul până când zahărul se dizolvă.

r) Se ia de pe foc, se adauga si se amesteca gelatina inmuiata pana se dizolva.

s) Amestecați cealaltă jumătate de piure de mango și sucul de lămâie.

t) Se lasa la racit. Între timp, demulați panna cotta și mousse-ul de mango.

u) Turnați glazura de mango peste. [Vă rugăm să vedeți postarea mea mai veche pentru a vedea un truc]

v) Dati la frigider pana se fixeaza. Decorați și bucurați-vă.

## 19. Panna Cotta de mango

Face: 4 portii

**INGREDIENTE:**
- 2 lingurițe pudră de gelatină
- 2 linguri de apă
- 1 mango mare
- 1-2 lingurite suc de lamaie
- 1 lingurita zahar
- 1 cană de lapte
- 1/4 cană de zahăr tos
- 1/2 cană smântână

**INSTRUCȚIUNI:**
a) Se presară gelatină pudră în apă într-un castron mic și se înmoaie timp de 5-10 minute.
b) Curățați și sâmburele Mango, tăiați grosier și puneți toată pulpa și sucul într-un blender. Se amestecă până la omogenizare. Adăugați suc de lămâie pentru un plus de aciditate, după cum este necesar.
c) Păstrați 2-3 linguri de Mango piure într-un castron mic, adăugați 1 linguriță de zahăr și amestecați bine. Poate doriți să adăugați niște lichior. Acesta va fi sosul.
d) Puneți laptele și zahărul într-o cratiță și încălziți la foc mediu, amestecând și aduceți doar la fierbere. Se ia de pe foc.
e) Adăugați gelatina înmuiată, amestecați bine până se dizolvă gelatina. Adăugați smântână și mango pasat fin și amestecați pentru a se combina.
f) Turnați amestecul în pahare de servire sau forme de jeleu. Puneți-le la frigider și lăsați să se întărească.
g) Serviți cu piureul de mango salvat.

## 20. Panna Cotta cu apa de cocos cu sofran

Face: 6 portii

**INGREDIENTE:**
- 2-3 linguri fire de Agar-Agar
- 1 litru de apă proaspătă de cocos
- 2 linguri de zahăr
- 8-10 fire de șofran

**INSTRUCȚIUNI:**
a) În primul rând, înmuiați firele de Agar-agar într-o cană cu apă. Ține-l deoparte timp de 30 de minute. Aduceți-l la fierbere la foc mare la început. Apoi reduceți focul și lăsați-l să se dizolve complet. Va dura aproximativ 8-10 minute.

b) Încălzește apă de nucă de cocos și zahăr până când este fierbinte. Adăugați acest amestec Agar-Agar la el. Se strecoară dacă se dorește. Dar nu este deloc nevoie. Îl poți adăuga direct. Dar aveți grijă ca acesta să fie dizolvat complet, așa cum puteți vedea în imagine. Se amestecă și șuvițele de șofran. Se amestecă bine și se lasă să se răcească înainte de a o da la rece.

c) Se acopera si se da la frigider pana se fixeaza. Tăiați și savurați cu puțină nucă de cocos uscată tocată deasupra. Sau așa cum este. Are un gust foarte grozav. Hum!

## 21. Panna cotta de vanilie cu sos de mure

## INGREDIENTE:

- 300 ml smantana dubla
- 200 ml lapte integral
- 50 g zahăr tos
- 2 foi de gelatina
- 1 lingurita pasta de boabe de vanilie
- 150 g mure
- 2 linguri zahăr tos
- 5 linguri de apă
- 1 stoarce de lamaie

## INSTRUCȚIUNI:

a) Combinați smântâna de lapte și zahărul într-o tigaie la foc mediu. Aduceți la fiert amestecând pentru a dizolva zahărul

b) Se amestecă vanilia. Între timp, înmuiați foile de gelatină în apă rece timp de 5 minute. Se stoarce excesul de apă, se adaugă la smântână și se amestecă pentru a se dizolva.

c) Se toarna in forme si se da la frigider pentru 2-3 ore

d) Pentru a face sosul, rezervați 4-8 fructe de pădure și puneți murele rămase într-o cratiță cu zahărul și apă. Aduceți la fiert timp de 5 minute, zdrobind boabele

e) Se adauga o stoarce de zeama de lamaie, se trece printr-o sita si se adauga murele rezervate la marinat

f) Când sunt gata de servire, puneți formele în apă caldă timp de 20 de secunde, răsturnați-le pe o farfurie și serviți cu mure și sos.

## 22. Panna Cotta de portocale și jeleu de portocale

**INGREDIENTE:**

- Pentru Panna Cotta:
- 1/2 cană lapte plin de grăsime
- 1 și 1/4 cană frișcă grea
- 1 lingurita gelatina pudra
- 1/4 cană zahăr alb
- 1/2 lingurita extract de vanilie
- Coaja unei portocale
- Pentru jeleul de portocale:
- 1/2 cană suc de portocale proaspăt stors
- 2 și 1/2 linguriță de gelatină pudră
- 1/4 cană zahăr alb
- 1 cană apă

**INSTRUCȚIUNI:**

a) Pentru a face Panna Cotta, împărțiți laptele în jumătate și turnați o jumătate într-un bol.

b) Presărați gelatină peste lapte și lăsați să stea 15 minute pentru a înflori (gelatina care a înflorit cu succes va arăta spongioasă)

c) Combinați jumătatea rămasă de lapte cu smântână, coaja de portocală, vanilie și zahăr într-o oală. Se amestecă la foc mediu până când zahărul se dizolvă complet. Amestecul trebuie să se încălzească, dar să nu fiarbă.

d) Acum luați-l de pe foc și lăsați-l deoparte acoperit la infuzat pentru câteva minute (poate aproximativ 15 minute). Acoperirea este esențială pentru a păstra aroma de portocale din coaja, așa că vă rugăm să nu o săriți peste

e) Puneți din nou amestecul înmuiat pe foc să fiarbă, apoi adăugați gelatina și amestecul de lapte și amestecați până când gelatina se dizolvă complet. Folosind o strecuratoare cu gauri mici, cerneți amestecul și amestecul dvs. de panna cotta este gata să fie umplut în rame, pahare de desert sau pahare imediat după strecurare. Răciți până se fixează.

f) Aproximativ 4 ore. Puteți așeza cu ușurință pahare de desert într-un unghi pentru a fi creativ cu panna cotta

g) Pentru a face jeleul, înflorește gelatina în jumătate din sucul de portocale timp de 5 minute

h) Fierbeți apa și zahărul la foc mare până devine siropos (nu gros), apoi turnați acest amestec peste gelatina înflorită și amestecați pentru a dizolva complet gelatina. Se adauga jumatatea ramasa de suc si se lasa amestecul sa se raceasca la temperatura camerei

i) Turnați amestecul de jeleu răcit peste panna cotta fixată. Puteți turna un strat gros sau subțire după dorință. Lăsați jeleul să se stabilească pe panna cotta la frigider pentru aproximativ o jumătate de oră.

j) Serviți rece și savurați ca desert

## 23. Panna cotta de căpșuni cu alune caramelizate

## INGREDIENTE:

- 200 g bucăți de căpșuni
- 60 g zahăr
- Panna cotta
- 250 ml lapte
- 2 linguri gelatina fara aroma
- 80 g zahăr
- 1 pachet alune zdrobite

## INSTRUCȚIUNI:

a) Luați o tigaie puneți bucăți de căpșuni, un dd zahăr păstrați pe foc gătiți 3 până la 5 minute odată ce zahărul s-a topit, apoi căpșunile înmuiate formează o textură suculentă

b) Se incalzeste o tigaie se toarna lapte se tine la fiert adauga zahar, intre timp se ia un castron se pune gelatina se toarna apa se amesteca bine inlocuieste gelatina in lapte se fierbe 2min.

c) Se toarna intr-o forma se lasa 30 min apoi se toarna sosul de capsuni pe o farfurie se toarna sosul pe el

d) Decorați bucăți de arahide zdrobite, frunze de mentă pe ea gata de servire

## 24. Panna cotta cu capsuni si kiwi

**INGREDIENTE:**

- 1 cană lapte
- 1 cană smântână proaspătă
- 1 lingura gelatina
- 3 linguri de zahar
- 1 kiwi tocat
- 2-3 capsuni tocate

**INSTRUCȚIUNI:**

a) Pune laptele intr-o tigaie adauga gelatina timp de 4-5 minute pentru a se inmuia gelatina.

b) Acum încălziți amestecul de lapte doar până când gelatina se dizolvă, dar laptele nu fierbe aproximativ 4-5 minute.

c) Se adauga zaharul si smantana, se amesteca bine.

d) Se ia de pe foc si se lasa sa se raceasca.

e) Se toarnă în pahare și se dă la frigider pentru 4-5 ore. dar să nu-l înghețe.

f) Când este rece, se ornează cu kiwi și căpșuni tocate.

## 25. Panna Cotta de zară cu sos de citrice

## INGREDIENTE:

- 1 cană de zară
- 1/4 cană zahăr
- 1/2 cană smântână grea
- 1-2 fire Agar-Agar rupte grosier

**PENTRU SOS DE CITRICE**

- 1 portocală
- 5-6 segmente portocalii
- 3-4 linguri de zahăr

## INSTRUCȚIUNI:

a) Încălziți smântâna groasă și zahărul într-o oală. Se amestecă acum Agar Agar. Lasă-l să se dizolve. Continuați să o amestecați. Va dura unul până la două minute. Nu fierbe. Ar trebui să fie fierbinte. Asta este. La aceasta se adauga zara. Amestecă-l repede. Ungeți ușor vasul în care îl veți pune.

b) Se toarnă amestecul în el sau în forme individuale de ramekin după dorință și se lasă să se întărească. Se încălzește zahărul și sucul de portocale într-o cratiță la foc mediu-mare, amestecând din când în când până când zahărul se dizolvă. Adăugați și segmentele portocalii.

c) Se ia de pe foc imediat ce se ingroasa. Dați Panna Cotta la frigider pentru cel puțin 2-3 ore sau până când se fixează. Se serveste racit cu sos de citrice.

## 26. Panna cotta de prune

**INGREDIENTE:**

- 1 cană de smântână proaspătă
- 1/4 cană caș
- 3 linguri de zahăr
- 4-5 Esenţă de vanilie
- 1 lingura gelatina
- 5-6 Prune
- 1/4 cană zahăr
- 1/4 cană apă

**INSTRUCŢIUNI:**

a) Luaţi smântâna proaspătă şi zahărul într-o cratiţă şi încălziţi la foc mic până când zahărul se dizolvă. Opriţi focul şi lăsaţi deoparte să se răcească.

b) Luaţi gelatina într-un castron mic şi adăugaţi 2-3 linguri de apă clocotită. Se amestecă bine şi se ţine deoparte

c) Amesteca iaurtul folosind un blender de mana pana se omogenizeaza.

d) Acum adăugaţi iaurtul în amestecul de smântână proaspătă şi zahăr şi amestecaţi bine. Adăugaţi gelatina şi extractul de vanilie şi amestecaţi din nou totul bine. Se strecoară amestecul folosind o cârpă de muselină sau într-o strecurătoare şi se transferă în forme de ramekin sau forme de silicon sau cupe pentru brioşe sau boluri de sticlă după cum preferi.

e) Dă-l la frigider pentru 2-3 ore sau până când se fixează.

f) Să facem un sirop de prune uşor pentru topping. Desămânţaţi prunele şi transferaţi-le într-o cratiţă cu zahăr şi apă.

g) Fierbeţi-l timp de 5-10 minute sau până când zahărul se dizolvă şi lăsaţi deoparte să se răcească. Se amestecă totul până la un piure fin şi se încălzeşte încă 5-7 minute. Sosul tău de prune este gata.

h) Păstrează-l o dată în frigider şi foloseşte-l ori de câte ori este nevoie.

i) Acum ultimul pas este să-ţi aranjezi Pana Cotta.

j) Deformaţi Pana Cotta pe o farfurie de servire şi acoperiţi-o cu sirop de prune răcit şi felii de prune proaspete.

## 27. Panna Cotta de mango cu decor de zahăr filat

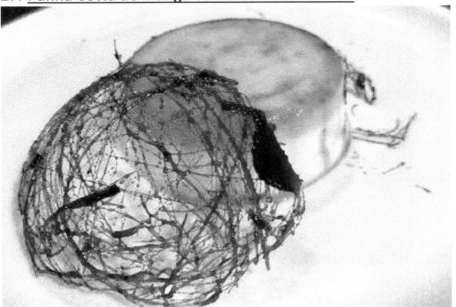

**INGREDIENTE:**
**STRATUL DE MANGO:**

- 2 cani de piure de mango
- 2 linguri agar agar/gelatina/china gras
- 2 linguri apă fierbinte

**PENTRU STRAT DE CREMĂ:**

- 1 cană de lapte smântână
- 1 cană smântână
- Extract de vanilie
- Ciupiți de sare
- 1/2 cană zahăr
- 2 linguri de iarbă de porțelan
- 2 linguri de apă fierbinte

**DECORATIE DE ZAHAR**

- 2 linguri de zahar

**INSTRUCȚIUNI:**

a) Luați un castron mare, adăugați iarbă de porțelan și apă și înmuiați timp de 15 minute. După aceea, amestecați-l complet. După ce se dizolvă, adăugați piureul de mango și amestecați-l. Asigurați-vă că este amestecat complet. Luați un pahar de servire păstrat într-un bol în direcție transversală și turnați ușor amestecul de mango în el și dați la frigider timp de 2 ore.

b) Pentru stratul de smântână-2 linguri gelatină se înmoaie în apă fierbinte și se ține deoparte. Am luat crema de casa. (O cană de smântână ținută la congelator timp de o jumătate de oră. După ce amestecați în mixer, veți obține smântână proaspătă.) Încălziți 1 cană de lapte adăugați zahăr și lăsați deoparte. Zahărul trebuie să se dizolve complet, iar laptele trebuie să fie rece. Acum adăugați extract de vanilie și amestecați-l bine. Luați un castron, adăugați smântână dulce de lapte gelatină apă dizolvată și amestecați-o corespunzător, tot amestecul trebuie amestecat corespunzător.

c) Luați un pahar de piure de mango din frigider, adăugați un strat de smântână și lăsați din nou timp de 2 ore până se întărește complet. Se ornează cu câteva mango tocate

d) Luați o tigaie adăugați zahăr și încălziți-o aduceți-o la fierbere fără a amesteca o culoare medie de caramel. Luați de pe foc și turnați caramelul pe o tavă de grăsime și faceți un design conform alegerii dvs. Lăsați-l să se stabilească și să se spargă în cioburi

## 28. Panna cotta de nucă de cocos cu glazură de ananas

## INGREDIENTE:

- 1 cană lapte de cocos
- 1 cană smântână groasă
- 1 1/4 linguriță agar agar
- 3 linguri zahar
- 1 cană de ananas
- 1 lingura unt
- 1 lingura zahar brun

## INSTRUCȚIUNI:

a) Adaugă smântâna, laptele de cocos și agar agar într-o tigaie mare. Bateți până se omogenizează și lăsați deoparte timp de 15 minute.

b) Adăugați zahărul în tigaie și amestecați bine. Apoi aprindeți focul la mediu. Se încălzește până când zahărul și agarul se dizolvă, amestecând constant până când este pe punctul de a începe să fiarbă.

c) Se încălzește încă 3-4 minute la foc mic, amestecând constant și stinge focul.

d) Folosiți un piure fin și filtrați amestecul într-un bol curat. Se toarnă amestecul într-un pahar la alegere și se pune la frigider până când panna cotta se întărește.

e) Pentru a face glazura de ananas, adăugați untul și zahărul brun într-o tigaie și încălziți la foc mediu. Continuați să amestecați până când untul se topește și zahărul este dizolvat.

f) Acum adăugați ananasul (eu l-am tocat fin, dacă vă place să păstrați bucăți mai mari) în tigaie, amestecați bine și continuați să fierbeți până când ananasul este fraged.

g) Dacă ananasul nu este dulce, trebuie să folosiți puțin mai mult zahăr. Dă la rece până se răcește.

h) Peste panna cotta se adauga glazura de ananas si se serveste rece. Bucurați-vă.

## 29. Tricolor Panna Cotta Delight

**INGREDIENTE:**
**PENTRU STRATUL DE MANGO**

- 1 cană piure de mango
- 2 linguri de apă
- 1 linguriță gelatină fără aromă sau folosiți 4 g china grass/agar agar
- dupa gust zahar

**PENTRU STRAT VERDE(KHAS).**

- 1 cană smântână groasă
- 2-3 linguri sirop khas
- dupa gust zahar
- 1 lingurita gelatina
- după cum este necesar Câteva picături de colorant alimentar verde (opțional)

**PENTRU STRAT DE CREMA DE VANILIE**

- 1 cană smântână groasă
- dupa gust zahar
- 1/2 lingurita esenta de vanilie
- 1 lingurita gelatina

**INSTRUCȚIUNI:**
**PENTRU STRATUL DE MANGO**

a) Mai întâi într-un castron mic adăugați gelatina și 2 linguri de apă, amestecați bine și lăsați-o să stea 5 minute să înflorească. Într-o tigaie se adaugă piureul de mango, gelatina și se încălzește 2 -3 minute la foc mic.

b) Opriți focul și turnați amestecul în orice formă de matriță/pahare la alegere și păstrați-l la frigider pentru a se întări complet.

**PENTRU STRAT khas**

c) Intr-un castron mic adauga gelatina amesteca bine si lasa-o sa stea 5 minute sa infloreasca. Apoi, într-o cratiță, adăugați smântâna groasă, zahărul și gătiți la foc mediu până când zahărul se dizolvă.

d) Când amestecul a ajuns la punctul de fierbere, opriți focul, adăugați siropul khas, câteva picături de colorant verde, gelatină înflorită (opțional) și amestecați până se dizolvă complet.

e) Se lasa sa se raceasca la temperatura camerei si apoi se toarna acest amestec peste stratul de mango si se tine din nou la frigider pentru a se intari.

**PENTRU STRAT DE VANILIE**

f) Intr-un castron mic adauga gelatina amesteca bine si lasa-o sa stea 5 minute sa infloreasca. Apoi, într-o cratiță, adăugați smântâna groasă, zahărul și gătiți la foc mediu până când zahărul se dizolvă.

g) Cand amestecul a atins punctul de fierbere opriti focul, adaugati gelatina inflorita cu extract de vanilie si amestecati pana se dizolva complet. Lăsați-l să se răcească la temperatura camerei și apoi turnați acest amestec peste stratul de khas și păstrați-l din nou la frigider pentru a se întări complet.

h) Deliciosul Panna Cotta Delight cu 3 straturi este gata de servit.

## 30. Mango Lassi Panna Cotta

**INGREDIENTE:**

- 2 mango mari
- 1/4 cană lapte
- 2/3 cană iaurt
- 1 cană smântână groasă
- 2 linguri de zahăr
- 1 linguriță Agar Agar pudră
- 1 lingurita pudra de cardamom
- 3-4 fire de șofran

**INSTRUCȚIUNI:**

a) Înmuiați pudra de Agar Agar în suficientă apă, astfel încât să se înmoaie bine. Este necesar.

b) Faceți piure de mango prin curățare, tăiați felii și adăugați-l într-un blender pentru a face un piure

c) Intr-o tigaie adauga laptele si smantana grea si aducem la fiert la foc mediu.

d) Adăugați pudră de cardamom și fire de șofran. Adăugați piureul de mango și iaurtul și amestecați bine în timp ce sunt pe foc. Pus deoparte

e) Se răcește timp de 2-3 minute și se strecoară amestecul de mango

f) Ungeți matrițele. Se toarnă în forme și se da la frigider peste noapte

g) Decorați cu felii mici de mango și frunze de mentă și savurați

## 31. Lapte de cocos și Panna Cotta de portocale

## INGREDIENTE:

- 250 ml lapte de cocos
- 4-5 linguri de zahăr
- 1 portocală
- 2-3 fire Agar-Agar
- 1/2 cană apă

## INSTRUCȚIUNI:

a) Fierbeți laptele de cocos la foc mic cu zahăr adăugat împreună cu suc de portocale proaspăt stors împreună cu coaja sa. Pus deoparte. Între timp, adăugați o jumătate de cană de apă la firele de Agar-Agar care sunt rupte în bucăți mici. Aduceți-l la fierbere la foc mare la început și apoi lăsați să fiarbă aproximativ 4-5 minute.

b) Este important ca acesta să fie absolut dizolvat și să fie aproape transparent. Apoi este gata pentru a fi amestecat în lapte de cocos și suc de portocale.

c) Amesteca bine. Adăugați acest lucru în orice vas de sticlă sau într-o tavă de prăjitură, oricare este la îndemână. Se lasa sa se raceasca putin tinand-o intr-un loc racoros. Mai târziu se da la frigider până se răcește.

d) Tăiați și bucurați-vă!

## 32. Panna cotta de rodie

**INGREDIENTE:**
- 1/2 pachet smantana proaspata
- 1 lingura zahar
- 11/2 cană lapte
- 1 lingurita gelatina
- 1 cană suc de rodie
- 1 lingurita esenta de vanilie

**INSTRUCȚIUNI:**
a) Se presara gelatina pe lapte si se odihneste 10 minute
b) Incalzeste smantana adauga zahar si esenta de vanilie
c) Se amestecă amestecul de gelatină se toarnă în sticlă
d) Pune la frigider peste noapte
e) Încălziți sucul de rodie, adăugați amestecul de gelatină, turnați peste panna cotta
f) Pune la frigider peste noapte
g) Decorați cu rodii proaspete

## 33. Panna Cotta Verde și Albă

**INGREDIENTE:**

- 1 pachet de banane jeleu verde
- 2 cani de apa
- 1/3 cană apă fiartă
- 3 linguri gelatina
- 400 ml crema
- 5 linguri de zahar sau dupa gust
- 1 lingurita esenta de vanilie

**INSTRUCȚIUNI:**

a) Fierbe apa adauga jeleu si amesteca.
b) Pune un jeleu în pahare mici la frigider pentru 1/2 oră.
c) Se dizolvă gelatina în apă fierbinte.
d) Adăugați zahăr și amestecați bine.
e) Adaugam esenta de vanilie si amestecam bine.
f) Se adauga smantana si se amesteca bine.
g) Se toarnă din nou pe frigiderul cu jeleu verde peste 1/2 oră.

## 34. Panna Cotta cu iaurt grecesc cu piure de curmale

**INGREDIENTE:**
**PENTRU PANNA COTTA:**

- 1 cană smântână groasă
- 1/3 cană zahăr
- 1/8 lingurita sare
- 1 lingurita extract de vanilie
- 1 plic gelatina fara aroma
- 2 cani de iaurt grecesc

**PENTRU PUREE DE DATE:**

- 2 căni de curmale (să se înmoaie şi se înmoaie în apă apoi se face o pastă în blender)
- să guste zahăr
- 1 lingura amidon de porumb

**INSTRUCȚIUNI:**

a) Într-un castron mic amestecați 1 plic de gelatină cu 3 linguri de apă și lăsați deoparte timp de 5 minute.

b) Într-o tigaie amestecați smântâna groasă, zahărul, sarea și extractul de vanilie. Gătiți-l aproximativ 5 minute (amestecând constant) la foc mediu până când zahărul se dizolvă complet. Nu trebuie să-l aduceți la fiert, ci să îl încălziți suficient pentru a amesteca toate ingredientele.

c) Opriți aragazul și adăugați gelatina dizolvată la amestec, amestecați-o până se omogenizează bine.

d) Adăugați 2 căni de iaurt grecesc și amestecați-l foarte bine până obțineți o consistență netedă.

e) Împărțiți acest amestec în 4 pahare și puneți-l la frigider pentru câteva ore.

**DATE PUREE:**

f) Într-o cratiță amestecați curmale piure de zahăr și aduceți-l la fiert și gătiți aproximativ 3-4 minute.

g) Amesteca amidonul de porumb cu 3 linguri de apa si adauga-l in sos. Se amestecă bine timp de un minut apoi se stinge focul. Lăsați sosul să se răcească apoi puneți-l cu lingura deasupra Panna Cotta răcită.

h) Acoperiți cu folie de plastic și lăsați-l la frigider pentru încă câteva ore.

i) Inainte de a servi desertul, pune-l deasupra cu curmal tocat si cu frunze de menta.

## 35. Panna de pepene verde cotta

Face: 1-2 portii

**INGREDIENTE:**
- 1 sfert de pepene verde
- 1-2 linguri gelatina
- pentru a gusta Zahăr
- Pentru lapte
- 2 cani de lapte praf
- 2 căni de apă
- 2 linguri gelatina
- pentru a gusta Zahăr

**INSTRUCȚIUNI:**
a) Spălați, tăiați și zdrobiți pepenele, puteți cerne pentru a îndepărta semințele (opțional), dizolvați gelatina cu 2 linguri de apă caldă și adăugați la zdrobiți pepenele, adăugați zahăr după gust, amestecați și turnați într-o ceașcă și lăsați-l la frigider îndoind ușor ceașca pe un suport de frigider pentru a obține forma de panna cotta dorită în ceașcă!

b) Intr-o cratita se adauga apa, zaharul si laptele, se adauga gelatina si se aduce la fiert amestecand, se lasa sa se raceasca complet, se toarna laptele in gel de pepene verde pe care l-ai pus deja la frigider

c) Dă din nou la frigider, scoate-l după ce se întărește și se răcește, ornează panna-cotta cu bucăți de pepene verde, frunză de mentă proaspătă și stropi, apoi servești, bucură-te!

## 36. Panna cotta de mango lychee

## INGREDIENTE:

- 1 mango
- 12-15 litchi
- 1 cană smântână pentru frișcă
- 1 cană lapte
- 3 linguri de zahar
- 3 linguri gelatină pudră

**PENTRU GARNITURA**

- după nevoie Chipsuri de ciocolată
- câteva bucăți Cireș

## INSTRUCȚIUNI:

a) Curățați mango, scoateți pulpa și măcinați-o cu textura netedă.

b) Luați gelatina în 4 linguri de apă și amestecați-o frumos, amestecați-o în mango și transferați-o în pahar și puneți la congelator timp de 10 până la 29 de minute până devine groasă.

c) Acum luați litchi și curățați-l de coajă.

d) Se macină bine doar cu zahăr.

e) Faceți același proces de gelatină pentru textura litchiului. Puteți face soluție de gelatină și în suc de mango și lychee.

f) Se toarnă textura de lychees în același pahar de mango și se înclină din altă parte și se așează pe jumătate, se pune din nou în congelator.

g) Acum luați lapte, zahăr și smântână și măcinați-le bine. Transferați într-un bol și faceți aceeași gelatină dovadă.

h) Scoate paharele, toarnă textura cremei de lapte în pahare și ornează-le bine în funcție de starea ta. Bucurați-vă de sezonul fructelor într-un stil nou.

## 37. Panna cotta de curmal

Face: 4 portii

**INGREDIENTE:**
- 400 ml smantana pentru frisca
- 1/3 cana zahar sau dupa gust
- 3 linguri de gelatină sau Agar Agar

**PENTRU PUREE DE CUKIM**
- 1/4 cană apă
- 2 curmali de mărime medie
- 2 linguri Agar Agar sau gelatină

**INSTRUCȚIUNI:**

a) Într-o tigaie mică se încălzesc 350 ml smântână pentru frișcă. Cerneți zahărul amestecați ușor.

b) Într-un castron separat amestecați agar-agar cu 50 ml smântână caldă pentru frișcă amestecați bine acum adăugați acest amestec într-un amestec cremos timp de 2 minute, amestecând. Se lasa putin la racit.

c) Umpleți în 4 pahare până la margine și lăsați panna cotta la frigider – aproximativ o oră.

d) Tăiați curmalul și îndepărtați pielea. Se amestecă cu apă dacă este nevoie până se face piure.

e) Dizolvați 2 lingurițe de pudră de agar în 25 ml apă caldă, adăugați-o în piureul de curmal. Amesteca bine.

f) Umpleți spațiul rămas din pahare cu piure de curmal. Se lasă la frigider pentru aproximativ 2 până la 4 ore sau până când se fixează complet.

## 38. Panna cotta cremă și pepene verde

Face: 4 portii

**INGREDIENTE:**
- 500 ml lapte
- 1 lingură pudră de cremă -
- Zahăr - după gustul tău
- Pepene verde - 1 castron mare, fără semințe și tăiat în bucăți
- 1/2 lingura sare gema
- 1 lingură frunze de mentă
- 1 lingură suc de lămâie

**INSTRUCȚIUNI:**
a) Luați 1/2 cană de lapte, adăugați pudră de cremă și amestecați bine.
b) Se fierbe laptele, se adaugă cremă și zahăr.
c) După 5 minute opriți gazul.
d) Răciți amestecul.
e) Luați 4 pahare, adăugați lapte de cremă și lăsați la congelator timp de 4-5 ore.
f) Luați un borcan, adăugați bucăți de pepene verde, sare geamă, frunze de mentă și suc de lămâie și fadă.
g) Acum se adaugă acest amestec în pahare cu lapte cremă și se lasă la congelator timp de 4-5 ore.
h) Se ornează cu frunze de mentă și se servește rece.

## 39. Compot de Pere în Jeleu Cu Panna Cotta

Face: 8 portii

**INGREDIENTE:**
**COMPOT DE PERE ÎN JELEU:**
- 2 pere asiatice
- 200 ml vin alb
- 60 de grame de zahăr
- 10 ml suc de lamaie
- 2 grame foi de gelatina

**PANNA COTTA**
- 200 ml smântână groasă
- 200 ml lapte
- 30 de grame de zahăr
- 30 de grame de miere
- 6 grame foi de gelatină

**INSTRUCȚIUNI:**
Faceți compot de pere

a) Tăiați perele în 16 felii fiecare și puneți-le într-o tigaie împreună cu ingredientele. Începeți să gătiți la foc mare.

b) Se aduce la fierbere pentru a se evapora alcoolul din vinul alb, apoi se fierbe la foc mediu până când perele devin translucide. Îndepărtați și orice gunoi.

c) Perele vor deveni translucide în câteva minute. Opreste focul si lasa la racit in tigaie.

d) Când s-a răcit la temperatura camerei, transferați perele cu lichidul de braconat într-un recipient de depozitare și lăsați-le la frigider.

Faceți panna cotta:

e) Înmuiați cele 6 g de foi de gelatină pentru panna cotta timp de aproximativ 20 de minute în apă.

f) Încinge ingredientele la foc mediu. Continuați să amestecați până când zahărul s-a dizolvat complet și stingeți focul. Absolut nu o lăsa să fiarbă.

g) Adăugați foile de gelatină înmuiate în amestecul de panna cotta și dizolvați gelatina complet. Strecurați amestecul în căni.

h) Se acoperă cu capace și se da la rece până se fixează la frigider.

Faceți jeleul:

i) Se încălzește siropul din compotul de pere; nu-l lăsa să fiarbă. Se adauga cele 2 g foi de gelatina rezervate jeleului, care au fost inmuiate in apa in prealabil.

j) Se toarnă într-un recipient și se pune la frigider până se fixează.

k) Puneți compotul de pere deasupra panna cotta. Se adauga jeleul deasupra pentru a termina.

l) Desigur, compotul de pere este delicios de la sine.

# CIOCOLATA, BUTTERSCOT SI CARAMEL

## 40. Panna cotta cu sos de caramel

Face: 6 portii
**INGREDIENTE:**
- 1 cană de zahăr
- 1 cană apă; sau mai mult
- 1 cană de apă
- 2 linguri de apă
- 4 lingurite gelatina fara aroma
- 5 cesti smantana pentru frisca
- 1 cană de lapte
- 1 cană zahăr pudră
- 1 boabe de vanilie; despicat pe lungime

**INSTRUCȚIUNI:**

**PENTRU SOS:**

a) Combinați 1 cană de zahăr și ½ cană de apă într-o tigaie grea, medie, la foc mic. Se amestecă până se dizolvă zahărul. Măriți căldura și fierbeți fără a amesteca până când siropul devine chihlimbar, ocazional rotind tigaia și ungeți părțile laterale cu pensula umedă de patiserie, aproximativ 8 minute. Scoateți tigaia de pe foc.

b) Adăugați cu grijă ½ cană de apă. Puneți tigaia la foc și aduceți la fierbere, amestecând pentru a dizolva bucățile de caramel, aproximativ 2 minute.

c) Misto.

**PENTRU BUDICA:**

d) Turnați 2 linguri de apă într-un castron mic. Se presară cu gelatină. Se lasa sa stea pana se inmoaie, aproximativ 10 minute. Amestecați smântâna, laptele și zahărul într-o cratiță mare. Răzuiți semințele din boabele de vanilie; adauga fasole.

e) Aduceți la fiert, amestecând des. Se ia de pe foc. Adăugați amestecul de gelatină și amestecați pentru a se dizolva. Scoateți boabele de vanilie. Transferați amestecul în bol. Pune vasul peste vasul mai mare cu apă cu gheață. Lăsați să stea până se răcește, amestecând din când în când, aproximativ 30 de minute. Împărțiți budinca în mod egal în șase căni de cremă de 10 uncii. Acoperiți și lăsați la frigider peste noapte.

f) Desfaceți budincile pe farfurii. Stropiți cu sos de caramel și serviți.

## 41. Panna Cotta de ciocolată

Face: 5 portii

**INGREDIENTE:**
- 500 ml smântână groasă
- 10 g gelatină
- 70 g ciocolată neagră
- 2 linguri de iaurt
- 3 linguri de zahar
- putina sare

**INSTRUCȚIUNI:**
a) Într-o cantitate mică de smântână, înmuiați gelatina.
b) Într-o cratiță mică, turnați smântâna rămasă. Aduceți zahărul și iaurtul la fiert, amestecând din când în când, dar nu fierbeți. Scoateți tigaia de pe foc.
c) Se amestecă ciocolata și gelatina până se dizolvă complet.
d) Umpleți formele cu aluat și dați la rece 2-3 ore.
e) Pentru a elibera panna cotta din matriță, treceți-o câteva secunde sub apă fierbinte înainte de a îndepărta desertul.
f) Decoreaza dupa bunul plac si serveste!

## 42. Panna Cotta de ciocolata fara ou fara crema

**INGREDIENTE:**

- 80 g zahăr
- 800 ml lapte
- 100 g ciocolata cu lapte (optional)
- 1/4 cană pudră de cacao
- 1/4 lingurita sare
- 12 g foi de gelatină/1½ linguriță pudră de gelatină

**INSTRUCȚIUNI:**

a) Adaugati laptele, pudra de cacao, zaharul, ciocolata si sarea intr-o cratita la foc mic-mediu
b) Și se fierbe până la fiert.
c) Infloreste-ti gelatina si adauga-o la amestec. +
d) (Amestecul trebuie să fie fierbinte)
e) Se amestecă bine până devine lucios și se pune într-un vas de servire.
f) Se da la frigider pentru 6 - 24 de ore pana se fixeaza.
g) Se serveste rece.

## 43. Ferrero Rocher Panna Cotta

**INGREDIENTE:**
**PENTRU STRAT 1**
- 2 cani de lapte
- 1/8 cană pudră de cacao
- 1/2 cană zahăr pudră
- 3 linguri Nutella
- 30 grame ciocolata neagra, tocata
- 1/2 linguriță agar agar
- 2 cani de lapte

**PENTRU STRATUL 2**
- 1/2 cană zahăr pudră
- 1/4 cană pudră de cacao
- 5 linguri Nutella
- 60 grame ciocolata neagra, tocata
- 1/2 linguriță agar agar
- 6 alune caramelizate
- 3 ferrero rochers, taiate in jumatati

**INSTRUCȚIUNI:**

a) Pentru primul strat, intr-o tigaie batem laptele cu pudra de cacao, zaharul, Nutella si agar agar.

b) Fierbeți amestecul, în timp ce amestecați continuu. După ce începe să fiarbă, fierbeți-l timp de 2 minute și adăugați ciocolata neagră. Gatiti pana se topeste complet.

c) Apoi scoateți din gaz și turnați-l în forme de silicon unse.

d) Acestea vor fi umplute la jumătate. Dă-l la frigider timp de 10 minute.

e) Între timp, repetați același proces pentru al doilea strat. Se toarnă al doilea amestec peste primul strat și se lasă 6-8 ore la frigider.

f) După ce s-a întărit complet, răsturnați formele pentru a obține o panna cotta netedă. Se orneaza cu alune caramelizate si Ferrero Rocher tocat.

g) Savurează-ți ciocolata neagră Ferrero Rocher Panna Cotta.

## 44. Panna cotta cu unt în tartă de biscuiți

**INGREDIENTE:**
**PENTRU TARTA DE BISCUIȚI**

- 2 pachete de biscuiți Ore
- 10 biscuiti Marie
- 4 linguri de unt
- Sos de butterscotch și biscuiți
- 1/2 cană nuci amestecate tocate
- 3 linguri de unt
- 1 lingura smantana proaspata

**PENTRU ROSOGOLLA PANNACOTA**

- 6 rosogolla de mărime medie
- 300 g smântână proaspătă
- 2 linguri lapte condensat
- La nevoie Gelatina
- 1 lingura sos de unt

**INSTRUCȚIUNI:**

a) Mai întâi pentru tarta cu biscuiți. Luați biscuiți Oreo și biscuiți Marie și măcinați separat într-un mixer. Apoi adăugați unt la el. Se amestecă bine. Apoi puneți-l într-o matriță. Si lasam la frigider.

b) Pentru biscuiții cu unt zdrobiți nucile amestecate.

c) Intr-o tigaie adauga zaharul. Stropiți puțină apă când se caramelizează. Adăugați nucile. Apoi adăugați untul.

d) Apoi întindeți amestecul pe o farfurie și lăsați-l să se răcească. Apoi scoate-l și pune-l într-o folie sau pungă de plastic și zdrobește-l. Ține-o deoparte

e) Acum pentru Pannacotta. Adăugați smântână proaspătă în tigaie. Continuă să amesteci. Când vine să fiarbă adăugați 1 linguriță de sos de unt.

f) Apoi adăugați puțin lapte condensat. Se amestecă bine. Acum adăugați gelatina. Opreste flacara. Acum adăugați biscuiții de unt, amestecați-l bine. Păstrați câteva pentru ornat.

g) Acum, într-un castron, puneți mai întâi amestecul apoi jumătate din rosogolla. Apoi puneți din nou amestecul și apoi din nou, rosogolla. Ornați restul de biscuiți cu unt. Lăsați-l să se fixeze la frigider

h) Pentru servire. Luați tarta cu biscuiți apoi puneți pe ea o porție de Pannacotta.

## 45. Panna Cotta italiană cu ciocolată neagră Lindt

## INGREDIENTE:

- 2 linguri de apă rece
- 1 lingură Agar Agar pudră
- 2 căni de smântână groasă
- 1/4 cană zahăr
- 1 lingurita esenta de vanilie
- după nevoie maleate ciocolată neagră Lindt
- după nevoie fructe pentru ornat

## INSTRUCȚIUNI:

a) Puneti apa intr-un vas mic si agar agar si lasati gelatina sa infloreasca 5-7 minute.

b) Într-o tigaie medie se încălzeşte smântâna, zahărul, esența de vanilie, la foc mediu şi se aduce la fierbere până se dizolvă zahărul. Se amestecă gelatina şi se bate imediat până se omogenizează şi se dizolvă.

c) Dacă gelatina nu s-a dizolvat complet, readuceți cratița pe aragaz şi încălziți uşor la foc mic. Amestecați constant şi nu lăsați amestecul să fiarbă.

d) Se toarnă smântâna în 3 feluri de mâncare individuale. Se lasa la frigider pentru cel putin 2-4 ore, sau pana se fixeaza complet.

e) Decorați-l cu blat cu ciocolată neagră Lindt maleat, cuburi de kiwi şi cireşe.

## 46. Panna Cotta de ciocolată albă

## INGREDIENTE:

- 3 căni de smântână extra groasă
- 1 cană de lapte plin de grăsime
- 250 grame ciocolată albă
- 4 lingurite. agar agar
- 1 lingurita extract de vanilie

## INSTRUCȚIUNI:

a) Tăiați grosier ciocolata și puneți-o într-un castron și lăsați-o deoparte pentru mai târziu.

b) Se amestecă restul ingredientelor într-o tigaie și se aduce la fiert la foc mediu, amestecând din când în când.

c) După ce amestecul a fiert, scoateți tigaia de pe foc. Adăugați ciocolata tocată grosier la amestec și amestecați până se dizolvă ciocolata.

d) Turnați amestecul în forme sau ramekine și puneți-le la frigider pentru cel puțin 4 ore să se întărească.

e) Demultiti si serviti cu un compot de fructe si fructe la alegere.

## 47. Panna Cotta de ciocolată albă cu sos de afine

**INGREDIENTE:**

- 100 ml lapte
- 300 ml smântână pentru frișcă
- 100 g ciocolată albă
- 70 g zahăr ricin
- 3 linguri gelatina puternica
- 1 cană Afine
- 2 linguri zahăr granulat
- 1 lingurita esenta de vanilie

**INSTRUCȚIUNI:**

a) Încinge laptele într-o tigaie.

b) Adăugați gelatină în ea.

c) Amestecați continuu până când gelatina se amestecă complet.

d) Acum adaugă smântâna și când bulele începe să mai fiarbă.

e) Se adauga ciocolata alba si vanilia.

f) Când compusul de ciocolată s-a topit complet cerni întregul amestec pentru a obține un amestec omogen.

g) Turnați-le în forme pentru brioșe și păstrați-le la frigider pentru 1 oră.

h) Între timp, încălziți afinele, zahărul granulat într-o tigaie și faceți un sos de consistență.

i) Demolează panna, Cotta.

j) Se toarnă sosul peste panna Cotta.

k) Savurați panna Cotta în formă de inimă alături de persoana iubită.

## 48. Panna Cotta cu sos de unt

Face: 4 porții

**INGREDIENTE:**
Pentru budincă
- 1 cană lapte integral
- 1 cană smântână proaspătă (35% grăsime din lapte)
- 1/3 cană zahăr
- 2 lingurițe de gelatină pudră
- 2-3 picături esență de vanilie
- 1 praf de sare

Pentru sos
- 1/2 cană de zahăr
- 2 linguri de unt
- 2 linguri apă fierbinte
- 1/2 cană smântână proaspătă (35% grăsime din lapte)
- 1/4 lingurita esenta de vanilie
- 1 praf de sare
- A servi
- 1/4 cană nuci caju, prăjite

**INSTRUCȚIUNI:**

PENTRU BUDICA -

a) Într-o tigaie se toarnă laptele, smântâna proaspătă, zahărul și esența de vanilie. Se încălzește amestecul la foc mic până când este cald. Se presara gelatina peste amestec si se amesteca pana se dizolva gelatina. Nu lăsați amestecul să fiarbă.

b) Adăugați sare și amestecați bine. Se strecoară amestecul și se toarnă în boluri individuale, se lasă să se răcească. Răciți la frigider pentru aproximativ 4 ore sau peste noapte.

PENTRU SOS -

c) Se amestecă zahărul și puțină apă într-o tigaie. Când zahărul se topește și capătă o culoare maro deschis, adăugați untul și bateți. Se adauga 2 linguri de apa fierbinte si se bate pana se omogenizeaza.

d) Adăugați smântână proaspătă și bateți din nou câteva secunde până când sosul se îngroașă ușor. Se ia de pe foc, se adauga esenta de vanilie si sare. A se păstra la temperatura camerei.

A SERVI,

e) se toarnă sosul peste budincă și se ornează cu nuci caju.

# CAFEA SI CEAI

## 49. Ceai cu lapte cu bule Panna Cotta

Produce: 6

**INGREDIENTE:**
**CEAAI DE LAPTE PANNA COTTA**
- 3 linguri de apă
- 1 pachet de gelatină (0,25 oz) 8 g sau 4 foi de gelatină aurie
- 15 g frunze de ceai negru Folosesc o combinație de Ceylon OP și

**ASSAM TEA**
- 1 ½ cană de lapte smântână
- ⅓ cană zahăr zahăr alb sau brun
- Un praf generos de sare
- 1 lingurita vanilie
- 1 ½ cană smântână pentru frișcă 35% grăsime

**PERLE BOBA DE ZAHAR BRUN**
- ¾ cani de zahar brun 150 g de zahar brun
- 3 linguri de apă
- Vârf de cuțit de sare
- ½ cană perle boba Puteți folosi perle boba de gătit rapid, obișnuite sau de casă

**INSTRUCȚIUNI:**
**CEAAI DE LAPTE PANNA COTTA**
a) Pune apa intr-un bol si presara gelatina peste suprafata. Se amestecă cu o scobitoare pentru a satura gelatina în apă. Lăsați să stea cel puțin 10 minute pentru a lăsa gelatina.
b) Puneți laptele într-o cratiță. Se incinge laptele la foc mediu, cu capacul pus.
c) Cand laptele ajunge la fiert, opriti imediat focul si adaugati frunzele de ceai.
d) Se amestecă frunzele de ceai în lapte. Acoperiți oala și lăsați ceaiul la infuzat timp de 10 - 15 minute.
e) Strecurați laptele într-un vas de măsurat pentru a separa frunzele de ceai. Apăsați ușor frunzele de ceai pentru a extrage puțin mai mult lapte.

f) Spălați cratița și adăugați laptele înapoi în ea. Se adauga zaharul, gelatina inflorita, sarea si vanilia.

g) Se încălzeşte amestecul la foc mediu, în timp ce se amestecă, pentru a dizolva zahărul și gelatina. Se încălzeşte amestecul NUMAI până se dizolvă zahărul și gelatina. NU lăsaţi amestecul să dea în clocot.

h) Cand zaharul si gelatina s-au dizolvat, se ia cratita de pe foc.

i) Se amestecă smântâna pentru frişcă și apoi se transferă laptele într-un vas mare.

j) Pregătiţi feluri de mâncare de servire cu o capacitate de 6 x ½ cană. Dacă doriţi să desfaceţi panna cotta, alegeţi forme din metal sau silicon cu pereţi subţiri. Ungeţi părţile laterale ale acestor feluri de mâncare cu un strat foarte subţire de grăsime. (Dacă nu desfaceţi și pur și simplu serviţi panna cotta în vase, atunci nu trebuie să ungeţi părţile laterale ale acestor feluri de mâncare).

k) Împărţiţi amestecul de panna cotta între cele șase feluri de mâncare.

l) Lăsaţi amestecul să ajungă la temperatura camerei. Acoperiţi fiecare vas cu folie de plastic și puneţi-le pe o tavă. Transferaţi această tavă în frigider și lăsaţi panna cotta să se întărească peste noapte.

**PERLE BOBA DE ZAHAR BRUN**

m) Începeţi să gătiţi perlele boba conform instrucţiunilor de pe ambalaj.

n) Aceste perle boba de casă vor dura mai mult să se gătească, așa că trebuie să le gătiţi ÎNAINTE să faceţi siropul.

o) Puneţi zahărul, sarea și apa într-o cratiţă. Se încălzeşte la foc mediu mare în timp ce se amestecă pentru a se topi zahărul.

p) Reduceţi focul la mediu și continuaţi să fierbeţi siropul de zahăr. Fierbeţi siropul de zahăr până când este gros și însiropat (siropul va fi mai puţin gros când adăugaţi perlele boba). Pus deoparte.

q) Puneţi perlele boba fierte în apă rece, apoi scurgeţi apa. Transferaţi perlele boba în siropul de zahăr brun și amestecaţi pentru a se acoperi. Lasam sa se raceasca pana cand perlele boba sunt doar putin calde.

## DEMULTAREA PANA COTTA

r) Pregătiți un vas cu apă caldă. Coborâți forma pentru panna cotta în apă.

s) Rotiți ușor matrița în apă pentru câteva secunde.

t) Întoarceți forma peste un vas de servire și agitați-o puțin. Acest lucru ar trebui să elibereze încet panna cotta din matriță. Dacă nu, pune-l înapoi în vasul cu apă caldă pentru încă câteva secunde.

u) Peste ceaiul cu lapte panna cotta puneți niște perle boba de zahăr brun. Dacă doriți ca panna cotta să fie mai dulce, puneți și deasupra niște sirop de zahăr brun.

## 50. Cafea Panna Cotta cu Kahlúa

**INGREDIENTE:**

- 2 linguriţe pudră de gelatină
- 2 linguri de apă
- 1/2 cană cafea tare
- 1/2 cană lapte
- 1/4 cană de zahăr tos
- 1 cană de smântână îngroşată
- 1 lingurita Extract de vanilie
- Kahlúa

**INSTRUCŢIUNI:**

a) Se presară gelatină pudră în apă într-un castron mic şi se înmoaie timp de 5-10 minute.

b) Puneţi cafeaua tare, laptele, zahărul şi vanilia într-o cratiţă şi încălziţi la foc mediu, amestecând şi aduceţi doar la fierbere.

c) Se ia de pe foc.

d) Adăugaţi gelatina înmuiată, amestecaţi bine până când gelatina se dizolvă, apoi adăugaţi smântână şi amestecaţi pentru a omogeniza.

e) Se toarnă amestecul în paharele de servire. Puneţi-le la frigider şi lăsaţi să se întărească.

f) Serviţi cu Kahlúa SAU cu sirop de cafea. Siropul de cafea se poate face usor amestecand ingredientele intr-o cratita si gatind cateva minute. Se răceşte complet înainte de utilizare.

## 51. Mocha Panna Cotta

**INGREDIENTE:**

- 400 ml apă
- 800 ml cremă unică
- 200 ml zahar
- 2 linguri pudra de ciocolata calda
- 2 linguri cafea
- gelatina
- Lichior de cafea
- Extract de vanilie

**INSTRUCȚIUNI:**

a) Înmuiați frunzele de gelatină în apă timp de 10 minute. Fierbeți cei 200 ml de apă și adăugați două linguri de cafea și 100 ml de zahăr sau mai mult (după gustul dvs.), stingeți focul și adăugați încet 400 ml de smântână pentru că nu încetați să amestecați bine.

b) Adăugați puțină vanilie și jumătate de gelatină înmuiată. Asigurați-vă că lichidul este bine amestecat și turnați-l într-o cană sau pahar după cum doriți. Se lasa la frigider 2 ore.

c) Apoi faceți același lucru, dar în loc de cafea, adăugați ciocolată caldă în apă. Cand stratul de cafea este suficient de rece pune deasupra cel de ciocolata si mai lasa 2-3 ore.

d) Aveți nevoie de două straturi transparente separate, una de cafea și una de ciocolată caldă.

e) Adăugați deasupra ceaiului lichior de cafea și bucurați-vă de aroma moka rece.

## 52. Espresso panna cotta

Face: 4 portii

## INGREDIENTE:
- 2 căni de smântână
- ¼ cană smântână grea; răcit
- ¼ cană boabe espresso proaspete; măcinat grosier
- 1 boabe de vanilie; despicat pe lungime
- 1 lingura gelatina fara aroma
- ½ cană de zahăr

## INSTRUCȚIUNI:
a) Puneți 2 căni de smântână și boabe de espresso într-o cratiță medie.

b) Razuiti boabele de vanilie si adaugati semintele si fasolea intreaga in amestecul de crema si aduceti la fierbere. Se ia de pe foc, se acopera si se lasa amestecul la infuzat timp de 30 de minute.

c) Scoateți boabele de vanilie și strecurați amestecul printr-o strecurătoare fină într-o cratiță curată și aduceți la fiert.

d) Se presară gelatina peste ¼ de cană de smântână răcită rămasă și se lasă să stea 5 minute. Reveniți crema espresso la fiert.

e) Se amestecă gelatina dizolvată și zahărul până se omogenizează. Turnați amestecul în patru rame de ½ cană.

f) Se da la rece până se întărește, cel puțin 2 ore.

## 53. Desert panna cotta cu cafea italiană

Face: 2 portii

**INGREDIENTE:**
- 1 1/2 cană smântână groasă
- 1/2 cană zahăr
- 1/4 cană apă fierbinte
- 2 lingurite praf de cafea instant
- 2 linguri gelatina
- după cum este necesar Sirop de ciocolată
- 1/4 lingurita esenta de vanilie

**INSTRUCȚIUNI:**
a) Luați 5 linguri de apă fierbinte într-o ceașcă, adăugați praf de cafea instant, amestecați bine și lăsați deoparte,
b) Acum ia 1/4 cana de apa fierbinte adauga gelatina amesteca bine pana se dizolva si tine deoparte.
c) Acum, într-o cratiță se ia smântână groasă, se încinge tigaia la foc mic, se pune la fiert, se adaugă zahăr, se continuă să se amestece până se dizolvă zahărul, se mai amestecă 3-4 minute, se mai ia de pe foc.
d) La aceasta se adauga amestecul de cafea instant, gelatina dizolvata in apa si esenta de vanilie, se strecoara acest amestec se toarna intr-un bol, se lasa sa se raceasca putin, se acopera cu folie de plastic si se da la frigider pentru 4 ore,
e) Demultiti, picurati incet sirop de ciocolata deasupra si serviti rece.

## 54. Ceai Panna Cotta

## INGREDIENTE:

- 2-3 pliculete de ceai
- 1 lingura ghimbir, ras
- 2-3 cardamomi, învinețiți
- 500 ml. lapte plin de grasime
- 1 cană apă fierbinte
- 1 1/2 lingura. pudră de agar agar
- 1/2 cana zahar brun pudra sau dupa gust
- 1/4 lingurita. praf de scorțișoară
- 1/2 linguriță. esență de vanilie
- fructe uscate tocate pentru a ornat

## INSTRUCȚIUNI:

a) Turnați apă fierbinte peste pliculețe de ceai, ghimbir și cardamom. Lăsați deoparte 30 de minute pentru a se prepara.

b) Se strecoară și se păstrează lichidul deoparte.

c) Aduceți laptele la fiert. Adăugați zahăr și scorțișoară pudră. Se amestecă continuu. Se adauga esenta de vanilie si se lasa deoparte la racit.

d) Se amestecă agar agar în apa fierbinte rămasă. Adăugați în laptele răcit, amestecați bine și turnați în pahare individuale. Dați la frigider până se stabilește.

e) Se orneaza cu nuci tocate si se serveste.

# PANA COTTA DE CEREALE

## 55. Panna cotta cu lapte de cereale

Produce: 4

**INGREDIENTE:**
- 1½ foi de gelatină
- 1¼ cani de lapte de cereale
- 25 g zahăr brun deschis
- 1 lingurita de pudra espresso
- 1 praf sare kosher

**INSTRUCȚIUNI:**

a) Se încălzește puțin laptele de cereale și se amestecă gelatina pentru a se dizolva.

b) Se amestecă laptele de cereale rămas, zahărul brun, praful de espresso și sarea până se dizolvă totul, având grijă să nu incorporeze prea mult aer în amestec.

c) Pune 4 pahare mici pe o suprafață plană, transportabilă.

d) Turnați amestecul de lapte de cereale în pahare, umplându-le în mod egal.

e) Transferați la frigider pentru a se întări pentru cel puțin 3 ore, sau peste noapte.

## 56. Panna Cotta de cereale

**INGREDIENTE:**

- 250 g smântână pentru frișcă
- 250 g lapte integral
- Cereale la alegere, 50 g + mai multe pentru garnitură
- 75 g zahăr Demerara
- 5 g foi de gelatină

## INSTRUCȚIUNI:

a) Într-un castron mare, adăugați smântâna și laptele. Se amestecă pentru a se combina bine. Adăugați cerealele la alegere.

b) Lăsați deoparte 30 de minute pentru a lăsa cerealele infuzate cu amestecul de smântână-lapte. Treceți amestecul printr-o sită fină peste o oală cu sos. Folosind dosul unei linguri și stoarceți cât mai mult lichid. Dar nu exagera.

c) Puteți alege să mâncați cerealele ude sau să le aruncați. Adăugați zahăr. Dați căldura la medie. Se amestecă pentru a dizolva zahărul și se aduce amestecul de smântână-lapte până la fierbere.

d) În timp ce se întâmplă asta, înflorește foi de gelatină într-un castron cu apă. Odată ce amestecul de smântână-lapte fierbe, se ia de pe foc.

e) Stoarceți excesul de apă din gelatina înflorită și adăugați-l în amestecul de smântână-lapte. Se amestecă pentru a dizolva gelatina.

f) Treceți amestecul de smântână-lapte printr-o sită fină peste ramekine. Aruncați orice reziduu. Răciți panna cotta la frigider pentru cel puțin 6 până la 8 ore. sau de preferat peste noapte.

g) Tocmai când este pe punctul de a servi, adăugați apă fierbinte într-un vas puțin adânc.

h) Lăsați ramekinul de panna cotta în baia de apă fierbinte timp de aproximativ 45 de secunde până la 1 min. De îndată ce panna cotta poate începe să se clatineasca, scoateți din baia de apă.

i) Nu o lăsați prea mult timp în baia de apă fierbinte, altfel panna cotta se va topi.

j) Întoarceți cu grijă și desfaceți pe o farfurie de servire.

k) Se ornează cu câteva cereale zdrobite. Serviți imediat.

## 57. Panna cotta de orez

## INGREDIENTE:

- 1 cană de orez fiert
- 2 linguri de zahar
- 2 linguri ghee
- 2 linguri lapte praf

## INSTRUCȚIUNI:

a) Adăugați orezul și zahărul într-un borcan de mixer și măcinați-l. Apoi adăugați lapte praf și amestecul de orez cu ghee într-un castron și prăjiți bine. Când amestecul lasă ghee, se scoate din gaz și se toarnă într-o formă.

b) Pune-l la congelator timp de 20-30 de minute. Orez Panna cotta este gata de servire.

# PANNA COTTA BRÂNZĂ

## 58. Panna cotta cu mascarpone

Face: 6 portii

**INGREDIENTE:**

- 12 oz de fructe de padure congelate amestecate, decongelate si scurse
- 3 linguri de zahar
- Spray de gatit pentru legume
- 1 lingura de lapte
- 1¼ linguriță gelatină fără aromă
- 1 ¼ cană smântână pentru frișcă
- ⅓ cană lapte
- 1 lingura de vanilie
- ¼ cană zahăr
- ¼ cană brânză mascarpone
- ¼ cană smântână

**INSTRUCȚIUNI:**

a) Puneți fructele de pădure amestecate într-un castron mic și zdrobiți ușor cu dosul lingurii.

b) Se amestecă 3 linguri de zahăr. Acoperiți cu folie de plastic și lăsați deoparte.

c) Pulverizați patru rame de ¾ de cană cu spray de gătit.

d) Într-un castron mic, turnați 1 lingură de lapte.

e) Presărați gelatină peste și lăsați-o să se înmoaie, aproximativ 10 minute.

f) Între timp, combinați smântâna, ⅓ de cană de lapte, vanilia și ¼ de cană de zahăr într-o cratiță.

g) Se aduce la fierbere la foc mediu mare, amestecând des.

h) Se ia de pe foc, se adauga amestecul de gelatina si se amesteca pana se topeste. Lăsați amestecul să se răcească. Într-un castron de mărime medie, amestecați brânza mascarpone și smântâna până se omogenizează.

i) Adăugați încet amestecul de smântână fierbinte în bol, amestecând constant.

j) Turnați amestecul în ramekins pregătiți.

k) Se da la rece până se răcește și se fixează.

l) Treceți un cuțit mic pe marginea ramekinelor pentru a slăbi panna cotta.

m) Răsturnați ramekinul pe o farfurie. Peste panna cotta se pune sos de fructe de pădure. Servi.

## 59. Panna Cotta cu brânză de capră cu smochine

Produce: 6-8 portii

**INGREDIENTE:**
**PANNA COTTA:**
- 2 căni de smântână groasă
- 2/3 cană zahăr
- ¼ linguriță sare kosher
- 1 cană de zară
- 2 lingurite de gelatină simplă pudră
- ¼ lingurita coaja de portocala rasa fin
- 4 oz brânză de capră cremoasă, proaspătă, înmuiată la temperatura camerei

**NUCI:**
- ½ cană fistic
- 2 linguri de unt nesarat, topit
- Sare cușer

**ALTE SUPLIMENTARE:**
- Miere de floare de portocal
- Smochine proaspete, tăiate felii

**INSTRUCȚIUNI**

a) Încălziți baza de cremă: adăugați smântână, zahăr și sare într-o oală. Aduceți la fiert la foc mediu, amestecând din când în când.

b) Gelatina Bloom: Pune laptele într-o cană. Se presara gelatina deasupra. Se lasa sa infloreasca 5-10 minute in timp ce crema se fierbe.

c) Amestecați baza de panna cotta: când smântâna ajunge la fiert, reduceți focul și amestecați amestecul de zară/gelatină. Se amestecă cu coaja de portocală. Se bate până se dizolvă gelatina. Puneți brânză de capră moale într-un castron. Bateți amestecul de smântână în brânză de capră, câte o oală, până când se combină complet.

d) Se strecoară și se toarnă: se strecoară baza de panna cotta printr-o sită într-o cană mare de măsurare a lichidului. Turnați amestecul în paharele sau ramekinele dorite. Este suficient pentru 6-8 porții. Se răcește la temperatura camerei. Puneți la frigider să se răcească și instalați complet timp de câteva ore sau, ideal, peste noapte.

e) Fistic prăjiți: în timp ce panna cotta se instalează, prăjiți fisticul. Preîncălziți cuptorul la 350°F. Puneți nucile pe o foaie de copt tapetată cu pergament. Stropiți peste unt topit și asezonați generos cu sare. Arunca. Coaceți aproximativ 8-10 minute sau până când se rumenesc. Se răcește la temperatura camerei și se păstrează într-un recipient ermetic.

f) Servire: Pentru a servi, acoperiți panna cotta cu smochine și nuci și stropiți peste miere. Bucurați-vă.

## 60. Tiramisu Panna Cotta

Face: 6 portii

**INGREDIENTE:**
**PENTRU PANNA COTTA**
- 1 cană lapte, împărțit
- 1 cană smântână pentru frișcă
- 1/4 cană brânză Mascarpone
- 1,5 lingură pudră de cafea instant
- 2 linguri de lichior Kahlua sau lichior de cafea
- 1/3 cană + 2 linguri zahăr brun sau zahăr obișnuit
- 1,5 linguriță pudră de agar agar sau gelatină vegetală fără aromă
- 1 lingură Pudră de cacao pentru praf

**SIROP DE CAFEA**
- 1/2 cană cafea tare preparată
- 1/2 cană zahăr brun sau zahăr obișnuit
- 2 lingurițe esență de vanilie

**INSTRUCȚIUNI**
a) Combinați praful de cafea și zahărul brun într-o tigaie.
b) Adăugați 1 linguriță de apă și încălziți până când zahărul este complet dizolvat.
c) Luați-l de pe foc și turnați lichiorul Kahlua. Se bate bine și se lasă deoparte.
d) Se presară praf de agar agar în 1/2 cană de lapte. Lasă-l să înflorească timp de 5 minute.
e) Între timp, combinați 1/2 cană de lapte rămasă cu brânză mascarpone și smântână într-o cratiță.
f) Se bate bine. Amestecul trebuie să fie fără cocoloașe.
g) Turnați amestecul agar-agar + lapte în acest amestec. Se bate bine.
h) Se fierbe la foc mic până când agar-agar se dizolvă complet și amestecul este aproape de fierbere.
i) Nu-l aduceți la fierbere.
j) Se toarnă amestecul de zahăr+cafea. Continuă să amesteci.

k) Pe măsură ce amestecul acoperă partea din spate a lingurii, luați-l de pe foc. Nu gătiți prea mult.

l) Amestecul se va îngroșa mai mult după răcire.

m) Consistența Panna cotta înainte de refrigerare.

n) Ungeți bolurile cu ramekin cu unt. Se toarnă panna cotta în rame sau orice bol de sticlă și se lasă să se întărească 1-3 ore. Cu agar-agar panna cotta se întărește mai repede. Acoperiți ramekinele cu o folie de plastic pentru a preveni formarea unei coaje deasupra.

o) Tiramisu frumos set Panna Cotta.

p) Chiar înainte de servire - 1. treceți cu grijă un cuțit de-a lungul ramekinelor pentru a slăbi panna cotta. 2. și puneți ramekinul în apă fierbinte pentru a scoate panna cotta din castron.

q) Desfaceți ramekinul pe o farfurie de servire. Panna cotta ar trebui să iasă din ramekine.

## 61. Panna cotta cu brânză albastră cu pere

Face: 8 portii

## INGREDIENTE:
- Ulei de măsline, pentru uns
- 1 1/2 cani de lapte
- 1 1/2 cani de smantana subtire
- 1/3 cană zahăr tos
- 1 boabe de vanilie, împărțită
- 80 g branza albastra, tocata marunt
- 2 linguri de apă clocotită
- 3 linguri gelatina pudra
- 2 pere coapte, tăiate la jumătate, fără miez, tăiate subțiri pe lungime, pentru a servi

## INSTRUCȚIUNI

a) Ungeți opt forme de dariole din metal sau plastic cu capacitate de 125 ml (1/2 cană) cu ulei pentru a unge ușor. Așezați pe o tavă. Combinați laptele, smântâna, zahărul și boabele de vanilie într-o cratiță la foc mediu. Gatiti, amestecand ocazional, timp de 10 minute sau pana cand zaharul se dizolva. Se ia de pe foc.

b) Adăugați brânză albastră și amestecați până se topește brânza. Se strecoară amestecul printr-o sită fină într-un bol mare de sticlă rezistent la căldură.

c) Pune apa intr-un vas mic termorezistent. Se presară gelatină și se bate cu o furculiță pentru a îndepărta eventualele cocoloașe. Lăsați deoparte timp de 3 minute sau până când gelatina se dizolvă și amestecul este limpede.

d) Bateți treptat gelatina în amestecul de smântână până se omogenizează bine. Puneți amestecul în mod egal între formele pregătite. Acoperiți cu folie de plastic și puneți la frigider timp de 6 ore pentru a se întări.

e) Scufundați formele, câte una, în apă fierbinte timp de 1-2 secunde, apoi turnați-le pe farfurii de servire. Serviți cu felii de pere.

## 62. Cremă de brânză panna cotta

Face: 6 portii

## INGREDIENTE:

- 100 grame crema de branza
- 100 ml smântână groasă
- 300 ml lapte
- 50 de grame de zahăr granulat
- 1 lingura suc de lamaie
- 1 extract de vanilie
- 2 linguri apa (pentru gelatina)
- 5 grame gelatină pudră
- 60 grame zahar granulat (pentru caramel)

## INSTRUCȚIUNI:

a) Faceți sosul de caramel Împărțiți zahărul granulat folosit pentru caramel în 4 părți.

b) Adaugati 1/4 din zaharul granulat intr-o oala, incalziti si amestecati pana devine maro.

c) Adăugați următorul patru, iar de îndată ce acesta devine maro, adăugați următorul. Continuați până când ați adăugat tot zahărul. Odată ce începe să bule, oprește căldura.

d) Se toarnă în rame câte încă fierbinți.

e) Se dizolvă gelatina în apă și se pune deoparte.

f) Combinați crema de brânză și zahărul granulat și amestecați într-o cremă.

g) Adăugați suc de lămâie.

h) Adăugați jumătate din lapte într-o oală și încălziți-l chiar înainte de fierbere. Se adauga gelatina si se dizolva.

i) Adăugați amestecul de la puțin câte una, apoi adăugați laptele rămas, smântâna groasă și extractul de vanilie. Se amestecă împreună.

j) Se toarnă amestecul din ramekins. Pune la frigider sa se raceasca. Odată ce se întărește, este complet!

# PANA COTTA DE NUCĂ

## 63. Panna Cotta de migdale cu sos mocha

Produce: 6

**INGREDIENTE:**
- 1 cană migdale întregi albite, prăjite
- ⅔ cană zahăr
- 1 plic gelatina fara aroma
- 2 cani de frisca
- ½ cană lapte
- ⅛ linguriță sare
- Migdale feliate, prăjite

**SOS MOCHA**
- 4 uncii de ciocolată amăruie sau semidulce tocată
- ⅔ cană smântână pentru frișcă
- ¼ cană zahăr
- 1 lingurita pudra de cafea espresso instant

**INSTRUCȚIUNI**

a) Pune migdalele întregi într-un robot de bucătărie. Acoperiți și procesați pentru a obține un unt neted; pus deoparte.

b) Într-o cratiță medie amestecați zahărul și gelatina. Adăugați smântână. Gatiti si amestecati la foc mediu pana cand gelatina se dizolva. Se ia de pe foc. Se amestecă untul de migdale, laptele și sarea. Se toarnă în șase forme individuale de 6 uncii, ramekine sau căni de cremă. Acoperiți și răciți timp de 6 până la 24 de ore sau până când se fixează.

c) Folosind un cuțit, slăbiți panna cotta de pe marginile vaselor și răsturnați-o pe șase farfurii de desert. Cu lingura sau stropiți puțin din sosul mocha în jurul panna cotta. Se serveste cu sosul ramas si, daca se doreste, se orneaza cu migdale feliate.

**SOS MOCHA**

d) Într-o cratiță mică gătiți și amestecați ciocolata amăruie sau semidulce tocată la foc mic până se topește. Se amestecă smântâna pentru frișcă, zahărul și pudra de cafea espresso instant sau cristalele de cafea instant.

e) Gătiți și amestecați la foc mediu-mic aproximativ 3 minute sau doar până când se formează bule pe margine. Serviți cald.

## 64. Cappuccino Panna Cotta cu sirop de alune

Face: 6 portii

**INGREDIENTE:**

**PENTRU PANA COTTA:**

- 3 frunze de gelatina
- 450 ml cremă unică
- 100 g zahăr pudră
- 3 linguri de cafea instant granule
- 1 lingurita extract de vanilie
- 300 ml iaurt natural
- un bloc mic de ciocolată neagră, pentru bărbierit

**PENTRU SIROP:**

- 75 g zahăr tos
- 3 linguri de lichior Frangelico
- 3 linguri alune prajite tocate

**INSTRUCȚIUNI**

a) Înmuiați frunzele de gelatină în apă rece timp de 5 minute.

b) Puneți smântâna într-o cratiță la foc mediu și amestecați zahărul, granulele de cafea și extractul de vanilie până când cafeaua s-a dizolvat complet.

c) Aduceți ușor la fiert, amestecând din când în când. Se ia de pe foc si se amesteca gelatina pana se dizolva.

d) Se lasa la racit 5 minute inainte de a amesteca iaurtul pana se omogenizeaza, folosind un tel daca este necesar.

e) Se toarnă în formele unse cu unt și se lasă la frigider pentru aproximativ 2 ore sau peste noapte dacă poți.

f) Pentru a face siropul de alune, puneți într-o cratiță la foc mediu zahărul tos, Frangelico și 50 ml apă. Se amestecă până se dizolvă zahărul și se aduce la fierbere. Se lasa la fiert aproximativ 3 minute pana devine usor insiropat, apoi se raceste.

g) Întoarceți panna cotta set pe farfurii. Dacă nu vor ieși foarte ușor, glisați un cuțit ascuțit pe lateral pentru a rupe etanșarea de aer sau înmuiați foarte scurt formele în apă fierbinte.

h) Amestecați alunele în sirop și apoi puneți cu lingura deasupra panna cottas. Terminați prin a le împrăștia cu așchii de ciocolată.

## 65. Panna Cotta de Fistic

Produce: 4

**INGREDIENTE:**
- 1 cutie lapte de cocos
- 3 linguri de zahar
- 3/4 linguriță agar-agar
- 1 lingura de apa rece
- 1/4 cană unt de fistic
- 1/2 lingurita apa de floare de portocal

**INSTRUCȚIUNI**

a) Într-un castron mic, puneți lingura de apă rece, apoi presărați agar-agar într-un strat deasupra. Lăsați-l să stea câteva minute în timp ce finalizați pasul următor.

b) Într-o cratiță medie, puneți laptele de cocos, zahărul și untul de fistic. Se amestecă și se încălzește până când totul se topește și se aburește, dar nu lăsați să fiarbă.

c) Turnați câteva linguri de lapte de cocos fierbinte în vasul cu agar-agar și amestecați bine. Adăugați-l încet înapoi în oală, amestecând tot timpul. Se încălzește încă 5 minute, până când laptele se aburește, dar nu-l lăsa să fiarbă. La sfârșit, amestecați apa de flori de portocal.

d) Împărțiți între 4 rame. Se da la frigider pana se fixeaza.

e) Pentru a demulta, scoateți din frigider și puneți ramekinul într-o baie de apă fierbinte pentru câteva minute. Treceți o spatulă offset sau un cuțit de unt în jurul marginilor panna cotta. Puneți o farfurie deasupra panna cotta și răsturnați. Ar trebui să alunece pe farfurie. Decorați cu petale de flori și fistic suplimentar.

## 66. rubarbă prăjită şi fistic

**INGREDIENTE:**

- 1/2 kilogram de tulpini subțiri de rubarbă
- 1/2 cană zahăr granulat
- suc de 1/2 lămâie
- 1 boabe de vanilie, împărțită
- 1/2 cană fistic tocat, pentru a servi

**INSTRUCȚIUNI**

a) Încinge cuptorul la 375 °F.

b) Tăiați rubarba în lungimi de 2-3 inci. Se amestecă într-o tavă de copt cu zahărul, sucul de lămâie și boabele de vanilie. Se prăjește până când este moale și suculent, dar nu se destramă, aproximativ 15-20 de minute.

c) Lasati sa se raceasca inainte de servire.

## 67. Panna Cotta cu lapte de cocos și nuci

Face: 10 portii

**INGREDIENTE:**
- 500 ml lapte de cocos
- 1/2 cană de zahăr
- 1 lingurita esenta de vanilie
- 2-3 linguri de fulgi de agar-agar sau pulbere
- 1/4 cană nuci caju tocate în plus pentru topping

**INSTRUCȚIUNI:**
a) În primul rând, adăugați fire de agar-agar la aproximativ o jumătate de cană de apă. Se lasă la macerat 2-3 minute. Se fierbe apoi la foc mic până se dizolvă, amestecând la intervale regulate.
b) Într-o altă tigaie, aduceți și laptele de cocos la fiert, la foc mic. Adăugați zahăr și amestecați în continuare pentru a nu se arde la fund.

c) Odată ce agar-agar se topește complet și devine o soluție omogenă, se ia de pe foc și se adaugă în tigaia cu lapte. Se amestecă bine și se adaugă caju tocate. Acum turnați-l într-un vas de sticlă sau într-o tavă de copt.
d) Acoperiți cu mai multe caju și lăsați-o să se înfiereze la frigider pentru aproximativ 3-4 ore. Acoperiți-l cu o folie alimentară înainte de a-l da la frigider. După 3 ore, feliați-l și serviți rece celor dragi și prietenilor voștri.

# PANNA COTTA PICANTĂ

## 68. Panna Cotta de cardamom-nucă de cocos

**INGREDIENTE :**

- 1 cană fulgi de cocos neîndulciți
- 3 căni de smântână groasă
- 1 cană de zară
- 4 păstăi de cardamom verde, ușor zdrobite Ciupiți sare kosher
- 2 lingurite gelatina granulata
- 1 lingura apa
- ⅓ cană zahăr granulat
- lingurita apa de trandafiri

**INSTRUCȚIUNI:**

a) Preîncălziți cuptorul la 350°. Se împrăștie nuca de cocos pe o tavă și se da la cuptor. Coaceți până când sunt prăjite și aurii, aproximativ 5 minute. Scoateți din cuptor și lăsați deoparte.

b) Într-o cratiță medie pusă la foc mediu-mare, combinați smântâna groasă, zara, cardamomul și sarea și aduceți doar la fierbere. Se ia tigaia de pe foc, se adauga nuca de cocos prajita si se lasa deoparte 1 ora. Se strecoară amestecul printr-o sită cu ochiuri fine și se aruncă solidele.

c) Într-un castron mediu, combinați gelatina și apa. Se lasa deoparte 5 minute.

d) Între timp, reduceți cratița la foc mediu, adăugați zahărul și gătiți până se dizolvă zahărul, aproximativ 1 minut. Turnați cu grijă amestecul de smântână strecurat peste amestecul de gelatină și amestecați până când gelatina se dizolvă. Bateți apa de trandafiri și împărțiți amestecul în 8 ramekins de patru uncii. Puneți la frigider și răciți până se întăresc, cel puțin 2 ore până peste noapte

e) Faceți petale de trandafir confiate: tapetați o tavă de copt cu hârtie de copt. Într-un castron mic, combina zahărul și cardamomul. Folosiți o pensulă de patiserie pentru a unge ambele părți ale fiecărei petale de trandafir cu albușul de ou și înmuiați cu grijă în zahăr. Lăsați deoparte să se usuce complet pe hârtie de pergament

f) Servește panna cotta rece și ornează fiecare porție cu petale de trandafir.

# 69. Panna Cotta de scorțișoară cu compot de fructe picante

Face: 8 portii

## PENTRU PANA COTTA:

- 2 linguri rachiu de pere
- 2 linguri gelatina fara aroma
- 2 ½ căni de frişcă
- ½ cană de zahăr brun închis bine ambalat
- 1/8 lingurita sare
- 1 cană smântână
- 1 ½ linguriţă extract pur de vanilie
- 2 linguri de scortisoara macinata

## PENTRU COMPOT:

- 2 cani de nectar de pere
- ¼ cană zahăr brun închis la pachet
- coaja de 1 lămâie îndepărtată în fâşii lungi
- 2 batoane de scortisoara rupte in jumatate
- ¼ lingurita boabe de piper negru, crapat
- 4 cuişoare
- 1/8 lingurita sare
- 2 pere medii coapte dar ferme, tăiate cubuleţe
- 2 mere medii de copt, tăiate cubuleţe
- ¼ cană caise uscate mărunţite
- ¼ cană de prune tăiate
- ¼ cană smochine uscate tocate
- ¼ cană de afine uscate
- 2 linguri rachiu de pere
- 1 lingura suc proaspat de lamaie

## FACEŢI PANNA COTTA:

a) Turnaţi coniacul într-un castron mic, presăraţi gelatina peste coniac şi lăsaţi să stea aproximativ 5 minute pentru a se înmoaie gelatina.

b) Între timp, puneţi smântâna, zahărul brun şi sarea într-o cratiţă grea, medie. Se încălzeşte la foc mediu, amestecând, până când zahărul se dizolvă şi amestecul este fierbinte.

c) Adăugaţi gelatina înmuiată, amestecaţi pentru a se dizolva. Se amestecă smântâna, vanilia şi scorţişoara până se omogenizează bine şi se omogenizează.

d) Puneţi o oală sau transferaţi amestecul într-o ceaşcă mare de măsurare a lichidului şi turnaţi-l în 8 căni de cremă, ramekine sau forme mici de ¾ de cană. Acoperiţi uşor cu folie de plastic şi răciţi 4 ore sau până peste noapte.

e) Pentru a demulta, tăiaţi în jurul marginilor fiecărei panna cotta pentru a se slăbi. Puneţi fiecare ceaşcă într-un vas puţin adânc cu apă fierbinte timp de 10 secunde. Se răstoarnă imediat pe o farfurie.

f) Se pune compotul uşor cald peste sau/şi în jurul fiecărei panna cotta şi se serveşte.

g) Dacă doriţi, puteţi sări peste procesul de demulare şi serviţi panna cotta chiar din rame, acoperind-o cu compot.

**FACEŢI COMPOTUL:**

h) Într-o cratiţă mare şi grea, combinaţi nectarul de pere, zahărul, coaja de lămâie, condimentele şi sarea. Se aduce la fierbere la foc mediu, amestecând, până se dizolvă zahărul.

i) Reduceţi focul, adăugaţi fructele şi fierbeţi, amestecând des, până când perele şi merele sunt fragede, dar încă îşi păstrează forma şi fructele uscate sunt pline, aproximativ 5-8 minute.

j) Cu o lingura cu fanta transfera fructele braconate intr-un castron; asiguraţi-vă că cuişoarele sunt lăsate în urmă.

k) Reduceţi lichidul de braconat la foc mare până devine siropos şi aproximativ jumătate din volumul iniţial, timp de aproximativ 15 minute sau cam aşa ceva. Luaţi de pe foc, adăugaţi coniacul şi sucul de lămâie, apoi strecuraţi printr-o sită fină chiar în bolul cu fructele poşate.

l) Se amestecă uşor pentru a se combina. Se răceşte până abia se încălzeşte înainte de a pune cu lingura peste panna cotta.

m) Sau, se răceşte complet, se acoperă şi se dă la frigider până este nevoie. Se încălzeşte uşor înainte de servire.

## 70. de cardamom și portocală cu sânge

## INGREDIENTE:
### PANNA COTTA DE PORTOCALE SANGRE ȘI CARDAMOM:
- 1 1/2 cană lapte de migdale
- 1/2 cana crema de cocos
- 1/2 cană suc de portocale sanguine proaspăt stors
- 1 plic gelatină
- 1/4 cană zahăr organic din trestie
- 2 linguri de miere
- 1 lingurita pudra de cardamom
- 1 lingurita pasta de boabe de vanilie sau 1 lingurita extract de boabe de vanilie

### Jeleu de portocale cu sânge:
- 1 1/2 cană + 1/2 cană suc de portocale sanguine, împărțit
- 2 plicuri de gelatina
- 1 lingurita coaja de portocala sanguina
- 1/3 cană zahăr organic din trestie
- 1/4 lingurita sare

### CRUMBLE DE QUINOA PRĂJITĂ:
- 1/2 cană quinoa
- 3 linguri sirop de artar sau miere
- 1 lingura ulei de cocos
- 1/4 lingurita sare
- 1/4 linguriță pudră de cardamom
- 2 linguri de zmeură liofilizată
- 2 linguri fistic prajit tocat grosier

### GARNITURĂ:
- 2 felii de portocală sanguină tăiate în jumătate


## INSTRUCȚIUNI
### PANNA COTTA DE PORTOCALE SANGRE ȘI CARDAMOM:
a) Într-o cratiță mică, presară gelatină peste 1 cană de lapte de migdale la temperatura camerei. Lăsați să stea timp de 1 minut să se înmoaie. Se încălzește amestecul de gelatină la foc mic până când gelatina se dizolvă și se ia tigaia de pe foc.

b) Într-o cratiță mare, aduceți restul de lapte de migdale, crema de nucă de cocos, sucul de portocale sanguine, mierea, zahărul, pudra de cardamom, sare, extractul de boabe de vanilie și amestecați pentru a aduce doar la fierbere la foc moderat. Luați tigaia de pe foc după fierbere și amestecați amestecul de gelatină. Lasă-l să se răcească.

c) Împărțiți amestecul în mod egal în 4 pahare de vin și lăsați-l să stea la frigider timp de 4 ore sau peste noapte.

**Jeleu de portocale cu sânge:**

d) Încălzește 1 1/2 cană de suc de portocale cu sânge. Se amestecă cele 2 plicuri de gelatină cu 1/2 cană de suc de portocale cu sânge și se amestecă cu sucul cald. Adăugați zahărul și coaja și amestecați până când se combină și zahărul se dizolvă.

e) Se toarna usor si egal in cele 4 pahare si se lasa la frigider.

**CRUMBLE DE QUINOA PRĂJITĂ:**

f) Preîncălziți cuptorul la 350 de grade.

g) Într-un castron mic, aruncați toate ingredientele cu excepția zmeurii și întindeți-o ușor pe o tavă mică de copt. Se coace la cuptor pentru aproximativ 20 de minute. Lasă-l să se răcească. Rupeți-l în firimituri.

**ASAMBLARE:**

h) Pune aproximativ 1-2 linguri de crumble de quinoa prăjită în fiecare pahar. Deasupra se sfărâmă niște zmeură liofilizată, împreună cu niște fistic tocat.

i) Adăugați o jumătate de felie de portocală sanguină deasupra fiecărei panna cotta asamblate îngrijit. Panna cottas sunt gata pentru a fi servite și consumate!

## 71. Panna Cotta Jaggery și Cocos

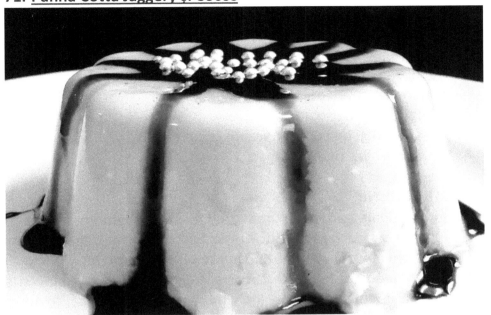

Produce: 6-7 portii

## INGREDIENTE:

- 100 g Jaggery
- 50 ml apă
- 400 ml lapte de cocos
- 1 lingurita scortisoara pudra
- 3 linguri fulgi de cocos (nuca de cocos rasa)
- 2-3 linguri fire de Agar-Agar

## INSTRUCȚIUNI:

a) Într-o tigaie, adăugați apă, pudră de cardamom, șuvițe de jaggery și agar-agar. Aduceți-l la fierbere și fierbeți la foc mic timp de 5 până la 8 minute până se dizolvă complet.

b) Acum adăugați lapte de cocos și fulgi. Se amestecă bine și se toarnă imediat în forme individuale pentru budincă, în forme pentru kulfi sau într-un vas de sticlă.

c) Se lasă să se întărească 2-3 ore într-un frigider bine acoperit. Servește-o în 6-7 porții mici ca desert după masă la cină celor dragi sau invitaților tăi.

d) Această topitură în gură, panna cotta vegetariană sau budincă sau un flan este un răsfăț divin pentru papilele tale gustative. Numiți-l cu orice nume, gustul va fi în continuare același și persistă chiar și mult timp după ce a fost gustat. Hum!

## 72. Cardamom-miere Iaurt Panna cotta

**INGREDIENTE:**

- 3 linguri gelatină pudră
- 500 ml lapte
- 100 g zahăr tos
- 1 1/2 linguriță pudră de cardamom
- 200 g iaurt
- 3 linguri de miere + miere suplimentară de servit
- 2 linguri de unt nesarat
- 1 picătură esență de vanilie
- 1/2 mango copt tăiat cubulețe mici pentru ornat

**INSTRUCȚIUNI:**

a) Se încălzește într-o oală laptele, zahărul, pudra de cardamom până se dizolvă zahărul. Se aduce la fiert, apoi se adaugă 3 linguri de gelatină pudră și se fierbe acest lapte. Amestecați continuu timp de 3-4 minute sau până când se dizolvă complet.

b) Se ia de pe foc si se adauga 1 picatura esenta de vanilie si se amesteca bine. Si se lasa la racit 15 minute.

c) După 15 minute, amestecați într-un castron mierea de iaurt și 1/2 linguriță pudră de cardamom. Se toarnă în mil și se bate încet și se amestecă bine.

d) Clătiți forma de budincă sau vasul cu apă rece, împărțiți amestecul între ele cât timp matrița sau vasul sunt încă ude. Se da la frigider pentru 3-4 ore sau peste noapte, pana se fixeaza.

e) Când este gata de servire, slăbiți marginea fiecărui iaurt cu un cuțit, înmuiați baza în apă pentru braț timp de 5 secunde. Se răstoarnă pe farfuria de servire.

f) Se ornează cu fistic și mango tăiat cubulețe și se stropește peste puțină miere pentru a servi.

# PANNA COTTA PENTRU IERBE

## 73. Matcha Panna Cotta

Face: 4 portii

## INGREDIENTE:
- 1/2 cană lapte integral
- 2 căni de smântână groasă
- 1/4 cană zahăr granulat
- 1 lingura de pudra matcha
- 3 foi de gelatina
- 1/2 lingurita extract de vanilie

## INSTRUCȚIUNI
a)  Dacă intenționați să desfaceți panna cotta pe farfurii, ungeți ușor interiorul paharelor cu ulei vegetal și folosiți un prosop de hârtie pentru a șterge cea mai mare parte a uleiului, lăsând doar un reziduu ușor. În caz contrar, le puteți lăsa neacoperite.

b)  Înmuiați foaia de gelatină în apă rece până se înmoaie. Pus deoparte.

c)  Într-o cratiță medie, încălziți laptele, smântâna groasă, zahărul și praful de matcha până se fierbe. Se ia de pe foc.

d)  Stoarceți gelatina pentru a elimina orice exces de apă și adăugați-o în tigaie, amestecând constant până când gelatina se topește. Se amestecă extractul de vanilie.

e)  Se strecoară amestecul printr-o sită fină și se toarnă uniform printre formele pregătite. Dă la frigider până se fixează pentru cel puțin 4 ore sau peste noapte.

f)  Pentru a scoate din matriță, scufundați fundul formei într-o oală cu apă fierbinte timp de 5 secunde pentru a slăbi panna cotta. Glisați un cuțit pe margine, apoi întoarceți-l cu grijă pe o farfurie de servire.

g)  Cel mai bine se servește rece, cu câteva fructe de sezon.

## 74. Lemongrass Seminte Busuioc Pannacotta Cu Sos Jamun

**INGREDIENTE :**
**PENTRU PANNACOTTA LEMON GRASS:**

- 3 căni de smântână
- 1 cană cu lapte
- ¼ cană tulpină de iarbă de lămâie, tocată grosier
- 4-5 linguri de zahăr
- 1 cană seminţe de busuioc înmuiate
- ½ linguriţă, esenţă de vanilie
- 14 grame, gelatină nearomatizată
- ¼ cană, apă

**PENTRU SOS:**

- 1 ½ cani, pulpă de Jamun fără seminţe
- ½ cană, zahăr
- ½ cană, apă
- 1 lingurita, coaja de lamaie
- 1 lingurita, suc de lamaie

## INSTRUCȚIUNI

a) Într-o tigaie cu fundul greu, adăugați smântâna și laptele și încălziți la foc mediu, asigurându-vă că nu fierbe, doar încălzit.

b) Opriți focul, adăugați iarba de lămâie tocată, esența de vanilie și amestecați bine. Acoperiți cu capac și lăsați deoparte timp de 30 de minute.

c) Într-o altă tigaie, adăugați jamunul în piure, coaja de lămâie, sucul de lămâie, zahărul și apa. Aduceți-l la fiert și lăsați să fiarbă până când sosul se îngroașă și are o textură lucioasă. Dacă preferați sosul puțin subțire, puteți adăuga puțină apă. Odată gata, stingeți focul și lăsați-l să se răcească complet.

d) Intr-un bol se presara gelatina peste cateva linguri de apa si se lasa sa infloreasca aproximativ 5 minute.

e) Se strecoară crema de Pannacotta, se aruncă tulpinile de lemongrass și se toarnă din nou în tigaie și se încălzește, nu trebuie să fiarbă. Adăugați zahăr și gelatină. Se amestecă până când gelatina se omogenizează bine.

f) Se toarnă Pannacotta în pahare de servire, se adaugă semințele de busuioc în fiecare pahar și se dă la frigider până se întărește.

g) Acoperiți cu sos de jamun și semințe de busuioc.

h) Se serveste rece.

## 75. Panna Cotta cu busuioc cu caise roze

Produce: 4

**INGREDIENTE:**

- 1 1/2 cană smântână groasă
- 1/2 cană frunze de busuioc, spălate și uscate
- 1 c. zahăr, împărțit
- 1/2 boabe de vanilie
- 1/2 cană lapte
- 1 1/2 lingurita gelatina
- 3/4 cană vin rosé
- 4 caise proaspete, tăiate la jumătate și îndepărtate sâmburii

## INSTRUCȚIUNI

a) Adaugă smântâna groasă, busuiocul și 1/4 cană de zahăr într-o cratiță mică. Împărțiți boabele de vanilie pe lungime și răzuiți semințele în cremă cu o lingură mică, apoi adăugați și păstăia de boabe de vanilie în cremă. Se încălzește smântâna la foc mediu, amestecând ușor pentru a dizolva zahărul, până când crema ajunge să fiarbă. Se ia de pe foc și se lasă să stea 15 minute, apoi se strecoară crema printr-o strecurătoare cu plasă fină într-un bol. Acoperiți cu folie de plastic și răciți până la rece, cel puțin 30 de minute. Arunca busuiocul.

b) Adăugați laptele într-o cratiță mică și presărați gelatina deasupra laptelui. Se amestecă ușor pentru a se combina. Lăsați gelatina să stea timp de 10 minute pentru a se hidrata, apoi încălziți la foc mediu-mic doar până când gelatina se dizolvă, ceea ce ar trebui să dureze aproximativ 90 de secunde până la 2 minute. Se ia de pe foc, se bate pentru a se combina, apoi se toarna in crema rece infuzata cu busuioc. Bateți amestecul timp de 1 minut pentru a se combina complet și pentru a începe să răcească gelatina, apoi împărțiți amestecul între patru rame sau pahare, acoperiți fiecare cu folie de plastic și răciți până la fermitate, cel puțin două ore.

c) Pentru caise: se adauga restul de 3/4 c. de zahăr și rosé într-o cratiță mică. Aduceți la fiert, apoi puneți ușor jumătățile de caise în oală, scufundându-le în lichidul care fierbe. Se lasa sa fiarba pana se inmoaie, aproximativ 3-4 minute, apoi se scoate cu o lingura cu fanta intr-un castron. Continuați să fierbeți lichidul până când este redus la jumătate și ușor însiropat, aproximativ 10-15 minute. Se ia de pe foc si se toarna peste caise. Acoperiți caisele și siropul și dați la rece până se răcesc.

d) Serviți fiecare panna cotta cu una sau două jumătăți de caise și câteva linguri de sirop turnate deasupra. Se serveste rece.

## 76. Panna Cotta cu fistic şi busuioc

4 portii

## INGREDIENTE:
- 1 cană smântână groasă
- 1/4 cană busuioc proaspăt, tocat
- 1/4 cană fistic albiți și făcut piure
- 1/2 cană zahăr
- 3/4 cană lapte
- 3 linguri gelatina pudra
- 2-3 picături esență de fistic (opțional)

## INSTRUCȚIUNI:
a) Combinați smântâna, busuiocul, piureul de fistic și zahărul, într-o cratiță și puneți-o pe foc.

b) Mai întâi, aduceți la fierbere și apoi lăsați să fiarbă 5 minute. Se ia de pe foc si se lasa amestecul la infuzat timp de 15 minute.

c) Se toarnă printr-o sită cu ochiuri fine sau o cârpă de muselină, într-un bol pentru a îndepărta solidele.

d) Într-o altă cratiță, turnați 1/2 cană de lapte și lăsați-l să se încălzească. Se ia de pe foc, se adauga gelatina pudra si se lasa sa stea cateva minute. Se pune din nou pe foc si se lasa laptele sa fiarba 2 minute.

e) Amestecați amestecul de gelatină și lapte cu amestecul de smântână pregătit înainte și amestecați bine.

f) Ungeți ușor formele.

g) Se toarnă amestecul în forme și se dă la frigider până se răcește și se fixează. Acest lucru va dura aproximativ 3-4 ore.

h) Demultiti pe farfurie sau puneti-l in matrita in sine. Decorați cu fistic tocat sau cu fructe de pădure proaspete sau compot preferate.

## 77. <u>Panna Cotta Sofran Fistic</u>

Face: 2 portii

**INGREDIENTE:**
- 2 linguri Paneer moale sau brânză de vaci de casă
- 2 lingurite de zahar
- 2 linguri de lapte
- 1 lingura Crema
- 1 praf de sofran
- Pudră de agar agar – un vârf mare
- 2 lingurite Fistic
- 1 praf pudră de cardamom

**INSTRUCȚIUNI:**
a) Pasați paneul moale și pudra de zahăr până se omogenizează.
b) Fierbeți 2 linguri de lapte și 1 lingură de smântână și un praf de șofran împreună.
c) Adăugați un praf mare de pudră de agar agar.
d) Bateți până se omogenizează.
e) Adauga amestecul de paneer, pudra de cardamom si fistic tocat. Amesteca bine.
f) Intr-o forma unsa cu unt adauga 1/4 lingurita de fistic tocat. Se toarnă amestecul de panna cotta.
g) Se da la rece 2 ore la frigider.
h) Demultiti si serviti. Adaugă niște sirop la alegere și fructe deasupra.
i) Puteți ajusta zahărul după gust.

# PANNA COTTA FLORALA

## 78. Panna cotta din flori de soc cu căpșuni

Produce: 6

**INGREDIENTE:**
- 500 ml crema dubla
- 450 ml lapte gras
- 10 capete mari de flori de soc, flori culese
- 1 pastaie de vanilie, semintele răzuite
- 5 frunze de gelatina
- 85 g zahăr tos auriu

**PENTRU CRUMBLE**
- 75 g unt, plus extra pentru uns
- 75 g faina simpla
- 50 g zahăr tos auriu
- 25 g migdale macinate

**A SERVI**
- 250 g căpșuni punnet, vârfurile tăiate
- 1 lingura zahar tos auriu
- câteva flori de soc culese, pentru a decora

**INSTRUCȚIUNI**

a) Puneți smântâna, laptele, florile, păstăia de vanilie și semințele într-o tigaie pusă la foc blând. De îndată ce lichidul începe să fiarbă, se ia de pe foc și se lasă să se răcească complet.

b) Între timp, pentru crumble, turnați untul într-o tigaie mică și încălziți ușor până devine maro intens și miroase a nucă. Se toarnă într-un bol și se lasă să se răcească la temperatura camerei până se întărește.

c) Odată ce amestecul de smântână s-a răcit, ungeți ușor interiorul a șase forme de dariole de 150 ml. Înmuiați frunzele de gelatină în apă rece timp de 10 minute. Se strecoară amestecul de smântână răcit printr-o sită într-o tigaie curată, aruncând florile de soc și păstăia de vanilie. Puneti zaharul si amestecati pentru a se dizolva. Puneți la foc mic și aduceți din nou la fiert, apoi turnați într-o cană mare. Scoate orice exces de lichid din gelatină și amestecă în smântâna fierbinte până se topește. Continuați să amestecați până când amestecul s-a răcit și s-a îngroșat ușor, pentru ca toate semințele de vanilie să nu se scufunde pe fund. Se toarnă în forme și se da la rece pentru cel puțin 4 ore. până când se fixează.

d) Încinge cuptorul la 180C/160C ventilator/gaz 4. Freci untul rumenit în făină, apoi amestecă zahărul și migdalele. Se intinde pe o tava tapetata cu pergament de copt. Coaceți 25-30 de minute până devin aurii, amestecând de câteva ori. Se lasa la racit.

e) Taiati capsunile, apoi amestecati cu zaharul si 1 lingurita de apa. Se da deoparte la macerat 20 de minute.

f) Întoarceți panna cotta pe farfurii și acoperiți cu căpșuni și sucul acestora. Se presară peste o parte din crumble, servind orice în plus într-un bol în lateral, apoi se decorează cu câteva flori de soc.

## 79. Panna Cotta de lavandă cu sirop de lămâie

Face: 4 portii

**INGREDIENTE:**
**PENTRU PANNA COTTA DE LAVANDA:**
- 1/4 cană apă
- 1 plic gelatină
- 1-3/4 cani de smantana groasa
- 1 cană lapte integral
- 1/3 cană zahăr
- 1-1/2 lingură muguri de lavandă uscați

**PENTRU SIROP DE LAMAIE:**
- 1/2 cană suc de lămâie proaspăt stors
- 1 cană zahăr

**INSTRUCȚIUNI**
**PENTRU PANNA COTTA DE LAVANDA:**
a) Ungeți ușor patru feluri de cremă de 6 uncii cu ulei antiaderent și rezervați.
b) Într-un vas mic, adăugați apa și stropiți cu gelatină și lăsați să stea 5-10 minute să înflorească.
c) Adaugati smantana, laptele si zaharul intr-o cratita mica. Se încălzește la foc mediu aproape până la fierbere, amestecând pentru a dizolva zahărul. Se ia de pe foc; se amestecă cu mugurii de lavandă și se acoperă. Se lasa sa stea si sa se infuzeze timp de 10 minute.
d) Puneți vasul cu gelatină la cuptorul cu microunde și ștergeți timp de zece secunde până devine un sirop subțire. Adăugați gelatina în amestecul de smântână, amestecând bine pentru a se combina.
e) Turnați amestecul printr-o strecurătoare cu ochiuri fine într-un alt bol, aruncați mugurii de lavandă. Lăsați amestecul să se răcească până la călduț.
f) Se amestecă amestecul și se toarnă în patru vase sau forme de cremă de 6 uncii. Transferați la frigider și lăsați-l la rece timp de 2-4 ore sau peste noapte până când se fixează bine.

**PENTRU SIROP DE LAMAIE:**

g) Într-o cratiță mică, se pune la foc mediu, se combină sucul de lămâie și zahărul. Se aduce la fierbere, se reduce focul la mic și se fierbe timp de 10 minute pentru a reduce puțin.

h) Se ia de pe foc si se lasa sa se raceasca inainte de a adauga intr-un borcan cu capac, apoi se da la frigider pana este gata de utilizare. Siropul se va ingrosa cand se va raci.

i) Pentru a servi Panna Cotta cu sirop de lămâie:

j) Pentru a elibera panna cotta fixată, treceți un cuțit în jurul marginii interioare a panna cotta gelificată. Lucrând cu câte un fel de mâncare, puneți vasul în apă caldă timp de 10 secunde.

k) Ridicați din apă și cu degetele umede, trageți ușor gelatina de pe marginea formei. Acoperiți cu o farfurie umedă de servire. Întoarceți farfuria și ridicați cu grijă vasul.

l) Puneți farfuria umedă de servire deasupra formei. Îndepărtați ușor mucegaiul și turnați deasupra siropul de lămâie.

m) Rupeți niște flori proaspete de lavandă și împrăștiați-le pe sirop. Ornați fiecare porție cu flori de lavandă

## 80. Panna Cotta infuzată cu mazăre fluture

Face: 4 portii

**INGREDIENTE:**
- 1/2 cană lapte integral
- 2 căni de smântână groasă
- 1/4 cană zahăr granulat
- 3 foi de gelatina
- 2 linguri de flori uscate de mazăre fluture
- 1/2 lingurita extract de vanilie

**INSTRUCȚIUNI**

a) Dacă intenționați să desfaceți panna cotta pe farfurii, ungeți ușor interiorul paharelor cu ulei vegetal și folosiți un prosop de hârtie pentru a șterge cea mai mare parte a uleiului, lăsând doar un reziduu ușor. În caz contrar, le puteți lăsa neacoperite.

b) Înmuiați foaia de gelatină în apă rece până se înmoaie. Pus deoparte.

c) Într-o cratiță medie, încălziți laptele, smântâna groasă și zahărul până se fierbe, dar nu fierbeți.

d) Se ia de pe foc.

e) Stoarceți gelatina pentru a elimina orice exces de apă și adăugați-o în tigaie, amestecând constant până când gelatina se topește.

f) Adăugați extract de vanilie și flori uscate de mazăre fluture. Lăsați amestecul să se infuzeze timp de 15 minute sau până când amestecul devine albastru.

g) Se strecoară amestecul printr-o sită fină și se toarnă uniform printre formele pregătite. Dă la frigider până se fixează pentru cel puțin 4 ore sau peste noapte.

h) Pentru a scoate din matriță, scufundați fundul formei într-o oală cu apă fierbinte timp de 5 secunde pentru a slăbi panna cotta. Glisați un cuțit pe margine, apoi întoarceți-l cu grijă pe o farfurie de servire.

i) Cel mai bine se servește rece.

## 81. Panna Cotta de vanilie cu nuca de cocos cu sos de fructe de padure hibiscus

Face: 2 portii mari

## PANNA COTTA DE COCOS VANILIE:
- 1 pachet gelatină granulată
- 3/4 cană lapte de cocos
- 1 cana crema de cocos
- 1 cană smântână groasă
- 2 linguri de zahar pudra
- 1/2 lingurita pasta de boabe de vanilie

## SOS DE FRACE DE HIBISCUS
- 1/2 cană amestec de fructe de pădure proaspete sau congelate
- 4 flori de hibiscus uscate
- 1/4 linguri de zahar pudra

## INSTRUCȚIUNI
## PANNA COTTA DE COCOS VANILIE:
a) Pregătiți patru rame, forme sau pahare de 4 uncii sau mai mari, ungând foarte ușor cu ulei de cocos sau ulei vegetal. Puteți sări peste acest pas dacă nu puneți pe matriță panna cotta. Am folosit 4 pahare de vin francez drept matrițe. dar l-ai putea lăsa cu ușurință în pahar pentru servire.

b) Într-un castron mic, presară gelatina peste 3 linguri de apă rece. Se amestecă și se lasă să se înmoaie.

c) Într-o tigaie mică, la foc mediu, încălziți împreună laptele de cocos și smântâna până când începe să clocotească pe margini. Se reduce focul și se adaugă gelatina înmuiată, amestecând până se topește complet.

d) Luați tigaia de pe foc și pregătiți un castron mare cu apă cu gheață. Strecurați amestecul de gelatină de nucă de cocos într-un bol puțin mai mic și puneți acel bol în apă cu gheață. Răzuiți ușor bolul cu o spatulă de cauciuc și amestecați până când amestecul se răcește și începe să se îngroașe. Dacă amestecul începe să se întărească, îndepărtați-l imediat.

e) Turnați apa cu gheață din vasul mare și ștergeți. Puneți smântâna groasă în bol și amestecați zahărul pudră până se dizolvă. Adăugați treptat gelatina de cocos până se amestecă complet. Încercați să nu amestecați prea puternic pentru a preveni formarea de bule de aer.

f) Turnați amestecul în ramekine, pahare sau forme pregătite. Se da la frigider pentru cel putin 4 ore sau pana se fixeaza.

g) Pentru a dezamula panna cotta, treceți părțile laterale ale matriței sub apă caldă până când începe să se slăbească. Folosește-ți degetul pentru a trage ușor panna cotta de pe margine. Apoi, răsturnați-l pe vasul de servire.

**SOS DE FRACE DE HIBISCUS:**

h) Într-o tigaie mică, la foc mediu mare, amestecați 1 cană de apă cu zahăr pudră. Se aduce la fierbere și se lasă să fiarbă 1 minut. Se ia de pe foc si se adauga florile de hibiscus. Se lasa deoparte si se lasa la infuzat 30 de minute.

i) Scoateți florile de hibiscus din sirop și aruncați-le sau rezervați-le pentru decor. Adăugați fructele de pădure în tigaie și puneți-le din nou pe aragaz și încălziți la mediu mare.

j) Se aduce la fierbere mic și se fierbe până se îngroașă ușor. daca folositi fructe de padure congelate incercati sa nu amestecati prea mult, spargeti boabele sau rezervati 1/4 din fructe de padure pentru a fi adaugate dupa ce sosul incepe sa se ingroase.

k) Sosul se da la rece si se da la rece cel putin 2 ore inainte de servire.

## 82. Panna Cotta sirop de afine şi liliac

Produce: 2 Panna Cotta

## INGREDIENTE:
### PENTRU SIROPUL DE LILAC
- 1 cană de flori de liliac
- 240 g zahăr alb
- 250 ml apă

### PENTRU PANA COTTA
- 3 grame de foaie de gelatină
- 200 ml smântână smântână integrală
- 80 de grame de afine
- 30 de grame sirop de liliac
- 40 de grame de zahăr alb

### PENTRU COULIS DE Afine
- 100 de grame de afine proaspete
- 30 de grame de zahăr alb
- 10 ml suc de lamaie

### PENTRU GANACHE DE CIOCOLATA ALBA
- 60 grame smântână integrală
- 100 de grame de ciocolată albă

### PENTRU PLACARE
- 5-8 afine pe farfurie
- O mână mică de flori de liliac

### PENTRU SIROPUL DE LILAC
a) Scoateți florile individuale de liliac de pe tulpina lor. Asigurați-vă că luați numai florile violet, aruncați toate florile maro și tulpinile verzi. Spălați florile de liliac.

b) Puneți florile, zahărul și apa într-o cratiță. La foc mediu, aduceți la fiert și continuați să fiarbă timp de 10 minute. Se ia de pe foc și se strecoară printr-o sită de sârmă. Folosește dosul unei linguri de metal pentru a împinge cât mai multă culoare și aromă din flori.

c) Lăsați siropul să se răcească la temperatura camerei, apoi dați la frigider. Se poate face cu o săptămână înainte.

## PENTRU PANA COTTA

d) Pune foile de gelatina in apa rece cat sa acopere foile. Dacă nu le-ați folosit până acum, nu vă faceți griji ca foile de gelatină să se dizolve, acestea se vor ține împreună ca o foaie în apă rece, dar vor deveni dischete.

e) Puneți smântâna, afinele, siropul de liliac și zahărul într-o cratiță. La foc mediu se aduce aproape la foc mic. Când începeți să vedeți bule, scoateți de pe foc și amestecați cu un blender până se omogenizează. Reveniți la foc mediu și aduceți la fiert. Se ia de pe foc.

f) Luați foi de gelatină din apă și scuturați excesul de apă. Se adaugă la smântâna fierbinte și se amestecă ușor până se dizolvă și se încorporează bine.

g) Strecurați amestecul de panna cotta printr-o sită de sârmă. Se toarnă în forme și se răcește la temperatura camerei fără acoperire. Acest lucru va dura cel puțin o oră. Odată ajuns la temperatura camerei, acoperiți și puneți la frigider peste noapte. Se poate face cu câteva zile înainte.

## PENTRU COULIS DE Afine

h) Faceți coulis de afine în ziua servirii. Adăugați afinele, zahărul și sucul de lămâie într-o cratiță și amestecați cu un blender până la omogenizare. La foc mediu, aduceți la fiert și fierbeți până când coulis s-a îngroșat. Similar cu consistența gemului tradițional, dar nu uscat.

i) Se lasa deoparte si se lasa sa se raceasca la temperatura camerei.

## PENTRU GANACHE

j) Tăiați ciocolata în bucăți mici sau așchii și puneți-o într-un castron curat. Pus deoparte.

k) Pune smântâna într-o cratiță mică. La foc mediu, aduceți la fiert. Nu-ți lua ochii de la ea. Crema tinde să fiarbă foarte repede. Se ia de pe foc si se amesteca in ciocolata alba. Continuați să amestecați până când ciocolata s-a dizolvat complet și obțineți un ganache neted. Se toarnă într-un vas mic de turnare. Vasele individuale pentru fiecare oaspete sunt atent, dar dacă sunt într-o navă comună, lupta pentru ganache-ul rămas poate face lucrurile distractive.

l)  În ceea ce priveşte timpul în timpul mesei, faceţi ganache-ul cât mai aproape de servire. Pun cratita cu crema la frigider si las ciocolata ras in bol la temperatura camerei gata si astept. Cand felul principal este gata, fac rapid ganache-ul si il torn in vasul de servire. Apoi pun panna cotta în platou.

**PLACARE**

m)  Asiguraţi-vă că ustensilele, farfuriile şi toate ingredientele sunt reci la temperatura camerei. Dacă puneţi ceva cald pe sau sub panna cotta, o va topi. Spălaţi florile proaspete de liliac şi afinele şi puneţi-le pe un prosop să se usuce.

n)  Pentru a scoate panna cotta din forme, luaţi un cuţit ascuţit. Ţinând panna cotta pe o parte, puneţi vârful cuţitului între interiorul formei şi panna cotta. Împingeţi cuţitul încet, având grijă să nu străpungeţi panna cotta. Greutatea panna cotta va începe să o smulgă de marginile formei, lasă gravitaţia să te ajute. Odată ce începe să se decojească, începeţi să rulaţi forma progresiv până când se desprinde complet de margini. Continuaţi să ţineţi matriţa pe o parte.

o)  Aşezaţi farfuria lângă deschiderea formei cât este încă pe partea ei, exact acolo unde doriţi să fie panna cotta pe farfurie, apoi întoarceţi forma cu susul în jos cu farfuria dedesubt. Aşa cum ai rezulta un jeleu. Dacă întâmpinaţi probleme la scoaterea lor, puteţi scufunda rapid fundul formei în apă foarte fierbinte, aveţi grijă să nu lăsaţi apă să intre în panna cotta.

p)  Folosind o lingură mică, puneţi o parte din coulis deasupra fiecărei panna cotta. Folosind dosul lingurii, întindeţi cu grijă coulis până la marginea panna cotta.

q)  Decoraţi fiecare farfurie cu afine şi flori. De multe ori tai treimea de jos a uneia dintre afine, astfel încât să pară scufundată în partea de sus a panna cotta.

r)  Nu uitaţi să puneţi ganache-ul pe masă!

## 83. Panna Cotta cu miere de mușețel

Face: 4 portii

**INGREDIENTE:**
- 1/2 cană lapte integral
- 2 căni de smântână groasă
- 1/4 cană zahăr granulat
- 3 foi de gelatina
- 1/2 lingurita extract de vanilie
- 1 cană flori de mușețel uscate
- miere, pentru topping

**INSTRUCȚIUNI**

a) Dacă intenționați să desfaceți panna cotta pe farfurii, ungeți ușor interiorul paharelor cu ulei vegetal și folosiți un prosop de hârtie pentru a șterge cea mai mare parte a uleiului, lăsând doar un reziduu ușor. În caz contrar, le puteți lăsa neacoperite.

b) Înmuiați foaia de gelatină în apă rece până se înmoaie. Pus deoparte.

c) Într-o cratiță medie, încălziți laptele, smântâna groasă și zahărul până se fierbe.

d) Se ia de pe foc.

e) Stoarceți gelatina pentru a elimina orice exces de apă și adăugați-o în tigaie, amestecând constant până când gelatina se topește.

f) Adăugați extract de vanilie și flori de mușețel uscate. Lăsați amestecul să se infuzeze timp de 10-15 minute.

g) Se strecoară amestecul printr-o sită fină și se toarnă uniform printre formele pregătite. Dă la frigider până se fixează pentru cel puțin 4 ore sau peste noapte.

h) Pentru a scoate din matriță, scufundați fundul formei într-o oală cu apă fierbinte timp de 5 secunde pentru a slăbi panna cotta. Glisați un cuțit pe margine, apoi întoarceți-l cu grijă pe o farfurie de servire.

## 84. Panna cotta cu iaurt trandafir

The picture can't

Face: 2 portii

## INGREDIENTE:
- 1/2 cană smântână proaspătă
- 1/2 cană iaurt
- 1 lingura zahar
- 3 linguri sirop de trandafiri
- 1/4 lingurita de culoare trandafir
- 1,5 linguriță agar agar
- 1 lingura de apa
- Câteva picături de esență de trandafir
- Fistic

## INSTRUCȚIUNI:
a) Într-un castron mare amestecați iaurtul, 1 lingură smântână, siropul de trandafir și esența de trandafir, amestecați până se omogenizează bine și se omogenizează.

b) Într-un castron mic, amestecați pudra de agar în apă caldă până se combină.

c) Într-o tigaie sau o cratiță mică, încălziți smântâna rămasă și zahărul la foc mic până la mediu, amestecând des. Odată ce zahărul este dizolvat, adăugați amestecul de pudră de agar și continuați să amestecați până când amestecul este fierbinte și fierbe, dar nu fierbe. Va dura aproximativ 1-2 minute. Asigurați-vă că nu fierbeți acest amestec.

d) Acum turnați acest amestec în amestecul de iaurt și amestecați până se omogenizează bine. Va trebui să faceți acest lucru mai repede, deoarece agar-ul va începe să se întărească.

e) Împărțiți acest amestec de Panna cotta în boluri unse cu unsoare sau silicon și lăsați-l la frigider până când se fixează sau cel puțin timp de 4 ore.

f) Se demolează Panna Cotta cu iaurt cu trandafiri din rame și se servește cu fistic tocat deasupra.

## 85. Gulab Panna Cotta

**INGREDIENTE:**

- 2 cani de smantana proaspata
- 1/4 cană sirop de trandafiri
- 2 1/2 lingurite de gelatină agar-agar
- 1/4 cană zahăr pudră
- după cum este necesar Falooda pentru servire
- La nevoie Cremă de trandafiri dulci pentru ornat
- după cum este necesar Cuburi mici de jeleu pentru ornat
- 8-10 petale de trandafir proaspete
- 1/2 cană zahăr
- 1/2 lingurita glucoza lichida

## INSTRUCȚIUNI:

a) Luați o lingură de apă într-un castron. Adauga gelatina si da deoparte sa infloreasca. Se încălzește smântâna într-o tigaie antiaderență și se aduce la fierbere. Se adauga zaharul pudra si se amesteca bine. Se încălzește gelatina înflorită la cuptorul cu microunde timp de 30 de secunde și se adaugă la smântână, se amestecă bine și se fierbe până când gelatina se dizolvă complet.

b) Strecurați amestecul într-un alt bol, adăugați siropul de trandafiri și amestecați bine. Se toarnă amestecul într-o tavă de sticlă pentru copt. Se da la frigider pentru 2-3 ore sau pana se fixeaza.

c) Pentru a face trandafirii fragili, încălziți o tigaie antiaderentă, adăugați zahăr și puțină apă și lăsați zahărul să se topească, tăiați grosier petalele de trandafir. Adăugați glucoză lichidă în tigaie și amestecați bine. Adăugați petale de trandafir tăiate și amestecați. Se toarnă amestecul pe un covor de silicon, se întinde și se răcește până se întărește.

d) Tăiați pannacotta în rondele folosind un tăietor de biscuiți de mărime medie și demolați.

e) Așezați rotunjile de pannacotta pe un platou de servire puțin adânc și puneți câteva bucăți casante pe părți, rezervând câteva pentru ornat. Pune niște flood pe o parte de pannacotta, ornează cu câteva bucăți casante și stropește deasupra niște sirop de trandafiri, ornează niște cremă dulce de trandafiri, jeleu de trandafiri, floare comestibile colorată, petale și servește imediat.

## 86. Panna-cotta de trandafir de ghimbir

221

Face: 4 portii

## INGREDIENTE:
- 1 cană de lapte
- 1/2 cană smântână
- 1/4 cană zahăr sau după gust
- 1/4 cană ghimbir tocat
- 1 lingurita esenta de trandafir
- Câteva coajă de lămâie
- 10 g Agar agar

## INSTRUCȚIUNI:
a) Înmuiați agar agar în apă timp de 15-20 de minute.
b) Se ia laptele intr-o cratita, se adauga smantana, zaharul, se amesteca si se fierbe la foc mic.
c) Adăugați ghimbirul și coaja de lămâie, fierbeți câteva minute.
d) Acoperiți și opriți. Se lasa sa se odihneasca 20 de minute.
e) Acum strecoară amestecul.
f) Se pune înapoi în cratiță și se fierbe la foc mic.
g) Între timp puneți agar-agar-ul înmuiat cu apă într-o tigaie și fierbeți-l la fiert până se topește agar-agar-ul. Adăugați acest lucru la amestecul de mai sus.
h) Gatiti pana se amesteca totul bine. Opriți și adăugați esență de trandafir. Amesteca. Se răcește puțin.
i) Luați orice formă și turnați încet amestecul de panna cotta.
j) Păstrați la frigider până se întărește.
k) Se demolează și se servește cu orice sos sau sirop. Aici am servit cu sos de capsuni.

# BOOZY PANNA COTTA

# 87. Panna cotta de şampanie în căni mici, acoperite cu fructe de pădure

Produce: 16 pahare

**INGREDIENTE:**
**PANNA COTTA DE VANILIE**
- 1 ¼ cană jumătate și jumătate
- 1 ¾ cană smântână groasă
- 2 lingurite gelatina fara aroma
- 45 de grame de zahăr granulat
- Vârf de cuțit de sare
- 1 ½ linguriță extract de vanilie

**JELEU DE VIN SPUMANT**
- 2 căni de şampanie, Prosecco sau vin spumant
- 2 lingurite gelatina
- 4 lingurite de zahar granulat

**INSTRUCȚIUNI**
**PANNA COTTA DE VANILIE**

a) Pune 2 linguri de jumatate si jumatate intr-o cana mica si presara gelatina deasupra uniform pentru a inflori.

b) Puneți restul de lapte, zahăr și sare într-o cratiță la foc mic, dar nu lăsați să fiarbă. Dacă se întâmplă, scoateți-l imediat de pe foc. Urmăriți constant, deoarece poate fierbe foarte repede.

c) Se amestecă până când zahărul este complet dizolvat.

d) Adăugați smântâna și amestecați până se încorporează complet.

e) Se amestecă gelatina înflorită. Nu lăsați să fiarbă.

f) Luați focul.

g) Adăugați extract de vanilie.

h) Se amestecă ușor până când amestecul ajunge la temperatura camerei.

i) Turnați amestecul în pahare de shot sau pahare flaut înalte. Înainte de a turna în fiecare pahar nou, amestecați ușor amestecul pentru a preveni separarea acestuia.

j) Puneți într-un recipient ermetic la frigider să se întărească înainte de a adăuga jeleu de șampanie deasupra. Aproximativ 2-4 ore.

## JELEU DE VIN SPUMANT

k) Se pun 2 linguri de vin spumant intr-o cana, se presara gelatina deasupra ca sa infloreasca.

l) Puneți zahărul și Prosecco într-o tigaie mică și încălziți la foc mic.

m) Odată ce zahărul este dizolvat, adăugați gelatina înflorită în timp ce amestecați. Nu lăsați să fiarbă.

n) Odată ce se răcește la temperatura camerei. Se toarnă deasupra panna cotta setată. Amestecați ușor amestecul înainte de a turna în fiecare pahar.

o) Odată ce jeleul se întărește, imediat înainte de servire, puneți ușor deasupra câteva fructe de pădure la alegere. Umpleți restul de pahar cu șampanie. Rotiți paharul pentru a lăsa sucul fructelor de pădure să iasă. Sticla flaut va avea acum trei straturi diferite de culoare.

# 88. Panna Cotta de pere poșate Bourbon

Face: 4 portii

**INGREDIENTE:**
**PANNA COTTA**
- 1 pachet gelatina fara aroma
- 3 linguri de apa rece
- 3 căni de smântână groasă
- Vârf de cuțit de sare
- 2 linguri sirop de artar
- ½ cană zahăr
- 1 lingurita extract de vanilie
- 8 oz. creme frage

**PERE BORBON BRACONATE SI GLAZA**
- 3 pere puțin coapte, fără miez și tăiate în sferturi
- 1 cană apă
- ¼ cană miere
- Suc de la 1/4 de lamaie
- un praf de sare de mare
- 1 cană de bourbon

**INSTRUCȚIUNI**
**PANNA COTTA:**
a) Scoateți 4 căni de cremă, rame sau pahare de dimensiuni similare. Puneți ramekins într-o tavă de copt de 9 x 13 inci sau pe o tavă de copt cu margine și lăsați-le deoparte. Acest lucru ușurează: introducerea lor în frigider.
b) Într-un vas mic, amestecați gelatina și apa rece. Dați deoparte pentru a lăsa gelatina să „înflorească" aproximativ 5 minute.
c) Între timp, într-o cratiță medie, adăugați smântână groasă, un praf de sare, siropul de arțar și zahărul. Se încălzește amestecul până când ajunge la fierbere. Luați de pe foc, adăugați vanilia și gelatina și amestecați până se dizolvă complet. Lăsați amestecul să se răcească 10 minute.

d) Puneți crema fraiche într-un bol mare de amestecare. Bateți ușor amestecul de smântână, câte puțin, până se omogenizează. Împărțiți amestecul uniform între rame.

**PERE BOURBON BRACONATE:**

e) Puneți perele, apa, mierea, sucul de lămâie și bourbonul într-o tigaie mică. Aduceți la fiert și gătiți la foc mic până când perele sunt fragede; amestecați amestecul din când în când, astfel încât nimic să nu se lipească sau să se ardă de fund. Probabil că perele vor avea nevoie de între 35-45 de minute pentru a se bracona corect. Pentru a vă verifica perele, introduceți o scobitoare în pere, ar trebui să intre ușor.

f) Luați de pe foc și lăsați amestecul să se răcească aproximativ 15 minute.

g) Verificați panna cotta pentru a vă asigura că este fermă, altfel perele se vor scufunda în ea în loc să creeze straturi. Dacă amestecul este ferm la atingere, așezați perele pe panna cotta răcită în formă de evantai, apoi puneți deasupra lichidul de braconat rămas, suficient pentru ca perele să fie încă vizibile. Răciți timp de 4 sau până la 24 de ore. Bucurați-vă!!

## 89. Boozy Eggnog Panna Cotta

Produce: 6

## INGREDIENTE:

- 4 căni de mof de ouă plin de grăsime cumpărat din magazin
- ¼ cană lichior
- 3 ½ linguriţe gelatină pudră
- Fursecurile scurte, smantana dubla si nucsoara

## INSTRUCŢIUNI

a) Se toarnă spumă într-o cratiţă, apoi se adaugă lichiorul şi se amestecă bine. Presăraţi uniform gelatina deasupra şi lăsaţi-o 5 minute să înflorească.

b) Se incinge la foc mic, amestecand continuu timp de 2-3 minute pana cand gelatina se dizolva. Nu-l lăsaţi să fiarbă sau să fiarbă.

c) Se toarnă amestecul în pahare elegante şi se lasă la frigider timp de 4 ore.

d) Acoperiţi cu toppingurile şi serviţi

## 90. Baileys Panna Cotta

Face: 4 portii

**INGREDIENTE:**
- 1 cană de lapte plin de grăsime
- 1 cană smântână dublă
- ½ cană de lichior de cremă irlandeză Baileys
- ½ cană de zahăr tos
- 1 lingura de ciocolata rasa pentru ornat
- 1 plic gelatină

**INSTRUCȚIUNI**
a) Se toarnă smântâna și laptele într-o tigaie pusă la foc mediu și se aduce la fierbere.
b) Adăugați zahărul și amestecați bine pentru a se dizolva, apoi turnați Baileys și amestecați din nou.
c) Se presară peste gelatină și se amestecă bine pentru a o dizolva complet.
d) Împărțiți amestecul în 4 căni de porție și dați la frigider pentru cel puțin 6 ore, ideal peste noapte pentru a se întări.
e) Se orneaza cu ciocolata rasa - optional.

## 91. Panna Cotta de cocos cu rom Malibu

**INGREDIENTE:**

- Cutie de 400 ml lapte de cocos
- 1 ½ linguriță de pudră de gelatină
- 45 ml lichior de rom Malibu
- 2 linguri de miere
- Fructe de pădure

**INSTRUCȚIUNI**

a) Se încălzeşte uşor jumătate din laptele de cocos într-o tigaie mică, până când este fierbinte, dar nu fierbe.
b) Adăugați gelatina şi amestecați împreună pentru a se dizolva.
c) Luați focul.
d) Adăugați laptele de cocos rămas şi amestecați mierea.
e) Lasam amestecul sa se raceasca putin si adaugam apoi lichiorul de rom Malibu.
f) Turnați în rame sau pahare şi acoperiți cu fructe de pădure.
g) Se da la frigider pana se fixeaza.

## 92. <u>Pina Colada Panna Cotta cu Lime si Ananas</u>

Produce: 4

**INGREDIENTE:**
**PENTRU PANA COTTA**
- 400 g creme frage
- 150 ml lapte de cocos
- 100 g zahăr
- 3 frunze de gelatina fara aroma

**PENTRU SALSA DE ANANAS**
- 1 ananas copt
- 50 g zahăr
- 30 ml rom malibu
- 25 g fulgi de cocos prajiti
- 1 tei
- 1 lingură frunze de mentă

**INSTRUCȚIUNI**
**PENTRU PANA COTTA**
a) Se pune gelatina intr-un bol cu apa rece si se lasa 5-10 minute sa se inmoaie.
b) Foile de gelatină fiind scufundate într-un vas cu apă
c) Între timp, într-o tigaie medie, combinați crema dulce, laptele de cocos și zahărul și aduceți la fierbere la foc mediu.
d) Creme fraiche, lapte de cocos și zahăr într-o oală cu un tel
e) Se ia de pe foc si se adauga gelatina scursa. Bateți bine pentru a vă asigura că gelatina s-a dizolvat complet. Se strecoară printr-o sită fină.
f) Gelatina scursă este adăugată la amestecul cald de panna cotta
g) Se toarnă amestecul în 4 pahare individuale și se lasă la frigider pentru cel puțin 2 ore.
h) Amestecul de panna cotta este turnat în pahare de desert pentru a se întări

**PENTRU SALSA DE ANANAS**
i) Curățați ananasul și tăiați-l în cubulețe egale.
j) Tăiați și tăiați cubulețe ananasul decojit

k) Intr-o cratita mare adaugam ananasul, zaharul si romul si aducem la fiert la foc mediu. Gatiti 2 minute si puneti deoparte intr-un bol.

l) Zahărul adăugat la ananasul tăiat cubulețe într-o tigaie pe foc

m) Peste ananas se rade coaja de 1 lime si se amesteca bine. Se lasa la racit la temperatura camerei si apoi se termina prin adaugarea de menta taiata in dungi fine.

n) Răziți coaja de lămâie pe cubulețe de ananas fierte

o) Odată ce panna cotta s-a întărit adăugați salsa de ananas deasupra

p) Adăugând ananas deasupra setului de panna cotta într-un pahar de deșert

q) Decorați cu fulgii de cocos prăjiți și frunzele de mentă pentru a termina.

## 93. Coniac Panna cotta

Face: 4 portii

**INGREDIENTE:**
- 2 căni de smântână
- 9 uncii de zahăr
- 3 picaturi de gelatina
- 1 praf boabe de vanilie
- 8 linguri de apă
- ½ cană de coniac
- Piper

**PENTRU CARAMEL:**
a)  Luați 7 uncii de zahăr cu apă într-o tigaie, aduceți-l încet la fiert, spre deosebire de caramelul maro deschis.
b)  Întindeți caramelul în forme.

**PANNA COTTA:**
c)  Luați gelatina în apă rece. Amestecați smântâna, zahărul și boabele de vanilie, aduceți la fiert.
d)  Se fierbe cel puțin 5 minute la foc lent.
e)  Scoatem vanilia, adaugam coniacul si gelatina. Amesteca bine. Răspândiți-o în formele pregătite.
f)  Puneți într-un recipient de depozitare și răciți la temperatura camerei înainte de a da la frigider. Cel puțin 2 ore.

## 94. Panna Cotta de nucă de cocos cu gin de mure, cimbru și sloe

Produce: 6-8 portii

**INGREDIENTE:**
**PENTRU PANA COTTA**
- 3 cesti crema de cocos
- 1/2 cană miere
- 1 lingura suc de lamaie
- 1/2 inch boabe de vanilie, împărțită
- 2 linguri apa fierbinte
- 1 lingură gelatină pudră neîndulcită

**PENTRU COMPOTUL DE MURE, CIMBRU ȘI GIN SLOE**
- 1 cană mure
- 1 lingura suc de lamaie
- 1/4 lingurita de cimbru tocat
- 2 linguri de zahar
- 1 lingură gin de sloe
- 1 1/2 linguriță amidon de porumb

**INSTRUCȚIUNI**
**PENTRU PANA COTTA**
a) Într-un borcan mare cu capac sigilabil, combinați crema de cocos, mierea și sucul de lămâie și amestecați pentru a se combina. Sigilați borcanul și lăsați să stea 8 ore sau peste noapte.
b) A doua zi, încălziți amestecul de cremă de cocos cu boabele de vanilie la foc mediu, amestecând des până se încălzește. În afara căldurii.
c) Combinați apa fierbinte cu gelatina într-un castron mic și amestecați până când gelatina s-a dizolvat. Adăugați asta la crema de cocos încălzită, amestecând bine.
d) Împărțiți în rame și lăsați să se răcească la temperatura camerei. Transferați la frigider pentru a se întări, cel puțin câteva ore.

**PENTRU COMPOTUL DE MURE, CIMBRU ȘI GIN SLOE**

e) Combinați murele, lămâia, cimbrul și zahărul împreună într-o cratiță mică la foc mediu-mic și amestecați constant până când zahărul se dizolvă. Lăsați amestecul să fiarbă până când fructele de pădure sunt moi și încep să se descompună, aproximativ 7 minute.

f) Între timp, combinați amidonul de porumb și gin-ul de sloe într-un castron mic și amestecați până când amidonul de porumb se dizolvă. Când fructele de pădure sunt moi, adăugați amestecul de gin de sloe, amestecând des, continuând să fiarbă la foc mic timp de câteva minute până când sosul s-a îngroșat ușor.

a) Serviți cald sau la temperatura camerei peste panna cotta!

## 95. Panna Cotta cu piersici, vanilie, boabe de vanilie cu frisca de rom

Produce: 4

**INGREDIENTE:**
**PENTRU STRATUL DE PANNA COTTA DE PIERSICI**
- 3 piersici medii tocate
- ¼ cană + 3 linguri lapte integral
- ½ linguriță gelatină aproximativ 1 pachet împărțit în jumătate
- ¾ cană smântână groasă
- 2 linguri de zahăr granulat
- putina sare

**PENTRU STRATUL DE PANNA COTTA DE BOBE DE VANILIE**
- 1 linguriță pastă de boabe de vanilie sau 1 păstăi de boabe de vanilie răzuite
- ¼ cană lapte integral
- ½ lingurita gelatina
- ½ cană smântână groasă
- 1 lingura zahar brun
- 3 linguri de zahăr granulat
- putina sare

**RUM SMANTA**
- ⅓ cană smântână groasă
- 2-3 linguri de rom alb fără arome suplimentare

**INSTRUCȚIUNI**
**PENTRU STRATUL DE PANNA COTTA DE PIERSICI**
a) Puneți piersicile tocate în blender până la o consistență asemănătoare unui smoothie. Se strecoară printr-o sită fină și se aruncă orice pulpă. Împărțiți o ⅓ cană într-un borcan și lăsați-l la frigider până când este gata de asamblare. Ar trebui să rămână minim 300 ml piure de piersici.
b) Într-o cană mică de măsurare umplută cu lapte, înflorește gelatina stropind gelatina în lapte. Nu amestecați și lăsați deoparte 5 minute.
c) Într-o cratiță medie, aduceți smântâna groasă, zahărul și sarea la fiert. Se amestecă din când în când până când zahărul se

dizolvă. Nu lăsați amestecul să fiarbă. Odată ce fierbe, se ia de pe foc și se amestecă amestecul de gelatină/lapte până când gelatina este complet dizolvată și amestecul este omogen. Se amestecă piureul de piersici, apoi se împarte și se toarnă în căni de servire. Acoperiți și lăsați la frigider pentru cel puțin 2 ore sau până când blatul este așezat și se mișcă ușor.

d) pentru stratul de panna cotta din boabe de vanilie

e) Înfloriți gelatina și aduceți smântâna groasă, zahărul brun, zahărul granulat și sarea la fiert. După ce fierbe, se ia de pe foc și se amestecă amestecul de gelatină/lapte și boabele de vanilie.

f) Asigurați-vă că stratul anterior s-a întărit mângâind ușor blaturile sau zgâlțâind ceașca de servire pentru a verifica. Odată verificat, turnați stratul de boabe de vanilie deasupra stratului de piersici. Acoperiți și răciți încă 3 ore sau până când se fixează complet.

## PENTRU SMANTA DE ROM

g) Folosind un mixer manual, bateți frișca și romul până se formează vârfuri medii.

## A ASAMBLA

h) Încingeți puțin piureul de piersici rezervat înmuiând borcanul într-un vas cu apă fierbinte. Amestecați piureul până devine de consistență turnabilă, apoi turnați un strat subțire deasupra panna cottas puse, adăugați o praf de frișcă de rom și ornezați cu felii de piersici.

i) Bucură-te imediat!

## 96. Panna Cotta cu fructe de pădure și fructe de pădure cu infuzie de lămâie

Produce: 3

**INGREDIENTE:**
- Panna Cotta cu infuzie de lime
- 450 g smântână {Amul, 20% grăsime}
- 40 g zahăr
- Zeste de 1/2 lime
- 2 linguri gelatina
- 1 cană fructe de pădure
- 500 ml șampanie
- 200 g amestec de fructe de padure proaspete
- Câteva fire de flori comestibile de mentă proaspătă

**INSTRUCȚIUNI**

a) Se încălzesc 400 g smântână cu zahărul până se topește zahărul. Adăugați coaja de lămâie și lăsați la infuzat aproximativ o oră.

b) Infloreste gelatina in restul de 50 ml crema timp de 5 minute, pana se inmoaie.

c) Reîncălziți crema la fierbere, luați de pe foc.

d) Se amestecă gelatina înflorită. Odată bine amestecat, se strecoară și se împarte în pahare de servire. Se lasa la frigider 4-5 ore.

e) Odată așezat, acoperiți panna cotta cu fructe de pădure proaspete și o crenguță de mentă fiecare.

f) Se toarnă peste fizz și se servește imediat.

## 97. Earl Grey Panna Cotta

Face: 4 portii

## INGREDIENTE:
- 2 lingurițe pudră de gelatină
- 2 linguri de apă
- 1 cană de lapte
- 1/4 cană de zahăr tos
- 2 pliculete de ceai Earl Grey
- 1 cană de smântână îngroșată
- Sirop de ceai Earl Grey

## SIROP DE CEAI EARL GRAY
- 1/3 cană apă
- 1/3 cană de zahăr tos
- 1 pliculeț de ceai Earl Grey
- 1 lingurita Whisky *optional

## INSTRUCȚIUNI:
a) Se presară gelatină pudră în apă într-un castron mic și se înmoaie timp de 5-10 minute.

b) Se încălzește laptele și zahărul într-o cratiță la foc mediu, amestecând și se aduce la fierbere. Se ia de pe foc.

c) Adaugati gelatina inmuiata, amestecati bine pana se dizolva gelatina, apoi incalziti putin amestecul, dar nu fierbeti. Adăugați pliculețe de ceai Earl Grey și lăsați deoparte până se răcesc. Amestecul nu se va îngroșa la temperatura camerei.

d) Strângeți pliculețele de ceai și aruncați-le. Adăugați smântână și amestecați pentru a o combina. Se toarnă amestecul în paharele de servire. Puneți-le la frigider și lăsați să se întărească.

e) Pentru a face sirop de ceai Earl Grey, puneți apă într-o cratiță mică, aduceți la fierbere, adăugați zahăr, amestecați și aduceți înapoi la fierbere. Luați de pe foc, adăugați pliculețe de ceai și lăsați deoparte să se răcească. Aruncați pliculețele de ceai. Când se răcește suficient, se lasă la frigider să se răcească.

f) Serviți Panna Cotta cu sirop de ceai Earl Grey. Puteți adăuga puțin whisky la sirop, dacă vă place.

## 98. Azuki Panna Cotta

Face: 4 până la 6 porţii

**INGREDIENTE:**
- 2 linguriţe pudră de gelatină
- 2 linguri de apă
- 1 cană de lapte
- 1-3 linguri de zahăr tos
- 1 lingura rom
- 1 cană de smântână
- 2/3 cană Pastă dulce Azuki

**INSTRUCŢIUNI:**
a) Se presară gelatină pudră în apă într-un castron mic şi se înmoaie timp de 5-10 minute.
b) Puneţi laptele, zahărul şi romul într-o cratiţă şi încălziţi la foc mediu, amestecând, şi aduceţi doar la fierbere. Se ia de pe foc.
c) Adăugaţi gelatina înmuiată, amestecaţi bine până se dizolvă gelatina. Adăugaţi smântână și pastă dulce Azuki și amestecaţi pentru a se combina foarte bine.
d) Turnaţi amestecul în pahare de servire sau forme de jeleu, aşezând fasolea Azuki uniform. Lasă-le la frigider până se întăresc.

## 99. Rom de dovleac Panna Cotta

Face: 4 portii

## INGREDIENTE:

- 2 lingurite gelatina
- 2-3 linguri de apă
- 1 cană de lapte
- 1/4 cană de zahăr tos
- 1 lingura rom
- 1 cană de dovleac gătit, piureat SAU amestecat
- 1/2 cană smântână
- Sirop de arţar, sirop de muscovado, sos de caramele etc.

## INSTRUCŢIUNI:

a) Se presară gelatină pudră în apă într-un castron mic şi se înmoaie timp de 5-10 minute.

b) Puneţi laptele, zahărul şi romul într-o cratiţă şi încălziţi la foc mediu, amestecând, şi aduceţi doar la fierbere. Se ia de pe foc.

c) Adăugaţi gelatina înmuiată, amestecaţi bine până se dizolvă gelatina. Adăugaţi smântână şi dovleacul piureat fin şi amestecaţi pentru a se combina.

d) Turnaţi amestecul în pahare de servire sau forme de jeleu. Puneţi-le la frigider şi lăsaţi să se întărească.

e) Serviţi cu sirop de arţar, sirop muscovado SAU sos la alegere.

## 100. Panna Cotta de susan negru

Face: 4 portii

## INGREDIENTE:
- 2 căni de lapte și smântână
- 4 linguri de zahăr
- 3-4 linguri Seminte de susan negru prajite, macinate
- 1 lingură amidon de porumb SAU amidon de cartofi
- 2 lingurițe (6 până la 8 g) pudră de gelatină
- 2 linguri de apă
- 1-2 lingurite rom sau coniac
- 1/2 lingurita Extract de vanilie

## INSTRUCȚIUNI:
a) Presărați pudră de gelatină în apă într-un castron mic și înmuiați.

b) Prăjiți 3 până la 4 linguri de semințe de susan negru folosind o cratiță pentru câteva minute sau până când sunt aromate. Puneți semințele de susan prăjite în mojar japonez, râșnița de mâncare sau robotul de bucătărie mic și măcinați în pastă.

c) Adăugați lapte în pasta de susan și procesați din nou. Poate doriți să strecurați amestecul pentru a îndepărta coji.

d) Puneți amestecul de lapte și semințe de susan, smântână, zahăr și amidon într-o cratiță la foc mic, amestecând până când zahărul se dizolvă și amestecul se îngroașă. Se ia de pe foc.

e) Adăugați gelatina înmuiată și amestecați bine până când gelatina se dizolvă. Adăugați rom sau coniac și extract de vanilie, amestecați bine. Se lasa deoparte sa se raceasca putin.

f) Când amestecul este suficient de rece, se toarnă în pahare. Puneți-le la frigider și lăsați să se întărească.

g) Dacă doriți mai multă aromă de susan, faceți o pastă de topping amestecând pasta de semințe de susan și zahăr pudră. Frisca ar fi buna si pentru topping.

h) Versiune fără gelatină: Adăugați 1/2 cană de semințe de chia neagră în loc de gelatină și amestecați bine. Se toarnă în pahare. Puneți-le la frigider și lăsați să se întărească.

# CONCLUZIE

Panna Cotta este un desert italian celebru care este servit în restaurante şi hoteluri din Italia. Acum a câştigat popularitate în întreaga lume şi este un desert preferat pentru mulţi. Cuvântul Panna Cotta se traduce prin „smântână gătită". După cum sugerează traducerea, desertul constă din smântână care este îndulcită şi îngroşată cu gelatină. Amestecul se pune apoi într-o formă şi se serveşte rece a doua zi. Adesea, crema este aromată cu vanilie, cafea şi alte arome.

Milton Keynes UK
Ingram Content Group UK Ltd.
UKHW020245010424
440366UK00012B/446